필사로 시작하는 영어 독서

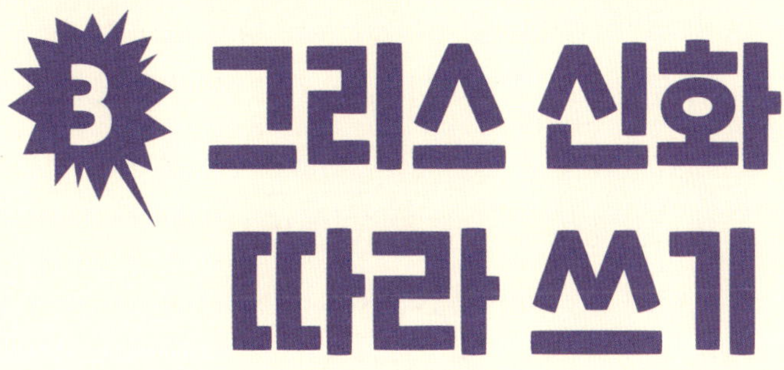

❸ 그리스 신화 따라 쓰기

재능많은영어연구소 지음

이화진 그림

휴먼어린이

몰입부터 습득까지, 성공적인 영어 독서의 시작!

영어 동화로 몰입하며 읽기

이 책에 수록된 스무 편의 영어 동화는 초등 교과 수준의 어휘와 문장으로 이루어져 있습니다. 한 편당 10개의 문장으로 정리하여 누구나 부담 없이 읽을 수 있습니다. 영어 동화를 읽으면 주인공의 감정에 몰입하면서 자연스럽게 문장과 표현을 흡수하게 됩니다. 감동적이거나 재미있는 이야기가 집중력을 끌어올려 학습 효과를 극대화합니다.

글의 핵심을 파악하는 영어 독서 시작하기

먼저 동화를 읽고, 단어들을 학습하고, 구조적으로 글을 파악하는 훈련을 합니다. 그리고 마지막에 전체 글을 따라 쓰는 확인 학습을 합니다. 전체적인 맥락을 먼저 파악하고, 세부적인 학습을 진행하고, 다시 전체 내용을 정리하지요. '전체→부분→전체'로 이루어진 구성을 통해 단어나 문장 단위의 독해를 넘어서 글의 핵심을 파악하는 독서 능력을 기를 수 있습니다.

단계적
반복 학습으로
영어 실력
다지기

또한 이 구성은 '단어→문장→단락'으로 나아가는 단계이기도 합니다. 단계별 학습으로 다양한 어휘와 문장의 구조, 문장 간 연결을 익히며 기초 실력을 다집니다. 이 과정을 스무 편의 영어 동화를 통해 반복합니다. 점진적인 학습 단계와 반복적인 구조는 아이가 영어 독서를 편안하게 시작할 수 있도록 돕습니다.

연필 들고
따라 쓰며
장기 기억
형성하기

영어 동화를 따라 쓰며 읽는 활동은 읽기(Reading), 쓰기(Writing), 듣기(Listening), 말하기(Speaking)를 동시에 자극하는 효과적인 학습법입니다. 학습 자극이 다양해질수록 기억은 또렷하게 남습니다. 따라 쓰기는 단순한 필기 연습이 아니라, 듣고 읽고 쓰는 활동을 유기적으로 연결하는 감각 통합 학습(Sensory Integrated Learning) 활동입니다. 반복해서 따라 쓰다 보면 문장의 패턴에 익숙해지고, 문법을 따로 공부하지 않아도 자연스럽게 활용할 수 있습니다.

1. 영어 동화를 듣고, 읽고, 이해하기

월
일

DAY
1

Narcissus, in Love of Himself

"거울과 한 몸인 나? ○○을 돌아보기!"
자신에게만 집중하다가 나를 사랑해 주는
소중한 사람들과 멀어지면 안 되겠죠?

이야기 듣기
따라 말하기

Narcissus was very handsome, but he only loved himself.
One day, he found a clear pond and saw a beautiful face.
He smiled, and the face smiled back.
He thought it was a water spirit, but it was his own reflection.

He tried to touch it, but the water mo
He couldn't stop looking and forgot to
Soon, he became weak and disappear
In his place, a white flower bloomed, called "Narcissus."
It's pretty, but it reminds us not to love only ourselves.

10

11

2. 단어로 본문 쓰기

3. 문장 연결하기 & 이야기 완성하기

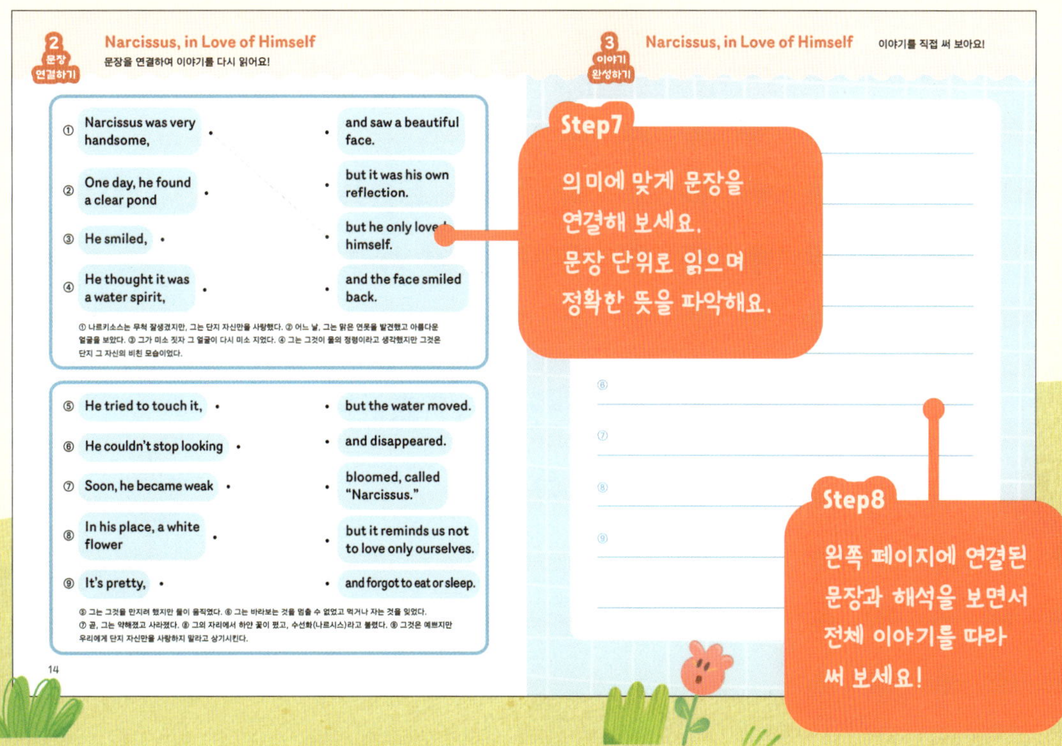

차례

Narcissus, in Love of Himself

Narcissus was very handsome, but he only loved himself.

One day, he found a clear pond and saw a beautiful face.

He smiled, and the face smiled back.

He thought it was a water spirit, but it was his own reflection.

He tried to touch it, but the water moved.

He couldn't stop looking and forgot to eat or sleep.

Soon, he became weak and disappeared.

In his place, a white flower bloomed, called "Narcissus."

It's pretty, but it reminds us not to love only ourselves.

Narcissus, in Love of Himself

단어들을 읽고, 주어진 문장을 써 보아요!

handsome

□ 못생긴　☑ 잘생긴

Narcissus was very handsome.

나르키소스는 무척 잘생겼다.

himself

□ 내 자신　□ 그 자신

He only loved himself.

그는 단지 그 자신만을 사랑했다.

pond

□ 연못　□ 호수

He found a clear pond.

그는 맑은 연못을 발견했다. (find의 과거는 found)

spirit

□ 몸, 육체　□ 정령, 정신

He thought it was a water spirit.

그는 그것이 물의 정령이라고 생각했다. (think의 과거는 thought)

reflection

□ 사고　□ 비친 모습(반사)

It was his own reflection.

그것은 그 자신의 비친 모습이었다.

touch

□ 만지다   □ 던지다

He tried to touch it, but the water moved.

그는 그것을 만지려 했지만 물이 움직였다. (try의 과거는 tried)

forget

□ 기억하다   □ 잊다

He forgot to eat or sleep.

그는 먹거나 자는 것을 잊었다. (forget의 과거는 forgot)

disappear

□ 나타나다   □ 사라지다

Soon, he became weak and disappeared.

곧, 그는 약해졌고 사라졌다. (become의 과거는 became)

bloom

□ (꽃이)피다   □ (꽃이)지다

In his place, a white flower bloomed, called "Narcissus."

그의 자리에서 하얀 꽃이 폈고, 수선화(나르시스)라고 불렸다.

remind

□ 잊다   □ 상기시키다

It reminds us not to love only ourselves.

그것은 우리에게 단지 자신만을 사랑하지 말라고 상기시킨다.

Narcissus, in Love of Himself

문장을 연결하여 이야기를 다시 읽어요!

① Narcissus was very handsome,

② One day, he found a clear pond

③ He smiled,

④ He thought it was a water spirit,

and saw a beautiful face.

but it was his own reflection.

but he only loved himself.

and the face smiled back.

① 나르키소스는 무척 잘생겼지만, 그는 단지 자신만을 사랑했다. ② 어느 날, 그는 맑은 연못을 발견했고 아름다운 얼굴을 보았다. ③ 그가 미소 짓자 그 얼굴이 다시 미소 지었다. ④ 그는 그것이 물의 정령이라고 생각했지만 그것은 단지 그 자신의 비친 모습이었다.

⑤ He tried to touch it,

⑥ He couldn't stop looking

⑦ Soon, he became weak

⑧ In his place, a white flower

⑨ It's pretty,

but the water moved.

and disappeared.

bloomed, called "Narcissus."

but it reminds us not to love only ourselves.

and forgot to eat or sleep.

⑤ 그는 그것을 만지려 했지만 물이 움직였다. ⑥ 그는 바라보는 것을 멈출 수 없었고 먹거나 자는 것을 잊었다. ⑦ 곧, 그는 약해졌고 사라졌다. ⑧ 그의 자리에서 하얀 꽃이 폈고, 수선화(나르시스)라고 불렸다. ⑨ 그것은 예쁘지만 우리에게 단지 자신만을 사랑하지 말라고 상기시킨다.

Narcissus, in Love of Himself

이야기를 직접 써 보아요!

①

②

③

④

⑤

⑥

⑦

⑧

⑨

Icarus: Too Close to the Sun

King Minos locked Daedalus and his son Icarus in a tall tower.

They wanted to escape, but the only way out was through the sky.

Daedalus made wings with feathers and wax.

"Do not fly too close to the sun," he said.

At first, Icarus flew safely and felt free.

But soon, he wanted to go higher.

As he neared the sun, the heat melted the wax.

His wings fell apart, one by one.

"Oh no!" he cried, but it was too late.

Icarus: Too Close to the Sun

단어들을 읽고, 주어진 문장을 써 보아요!

lock

☑ 가두다 　□ 풀어 주다

King Minos locked Daedalus and his son Icarus in a tall tower.

미노스 왕이 다이달로스와 그의 아들 이카로스를 높은 탑에 가뒀다.

escape

□ 숨다 　□ 탈출하다

They wanted to escape.

그들은 탈출하기를 원했다.

through

□ ~을 통해서 　□ ~을 따라서

The only way out was through the sky.

유일한 나갈 방법은 하늘을 통해서였다.

wing

□ 날개 　□ 어깻죽지

Daedalus made wings with feathers and wax.

다이달로스는 깃털과 왁스로 날개를 만들었다. (make의 과거는 made)

close

□ 멀게 　□ 가깝게

Do not fly too close to the sun.

태양에 너무 가깝게 날지 마라.

safely

☐ 자유롭게 ☐ 안전하게

At first, Icarus flew safely and felt free.

처음에, 이카로스는 안전하게 날아서 자유로움을 느꼈다. (fly의 과거는 flew)

higher

☐ 더 높이 ☐ 더 멀리

But soon, he wanted to go higher.

하지만 곧, 그는 더 높이 날기를 원했다.

melt

☐ 얼리다 ☐ 녹이다

As he neared the sun, the heat melted the wax.

그가 태양에 가까이 가자 그 열이 왁스를 녹였다.

apart

☐ 떨어져 ☐ 붙여

His wings fell apart, one by one.

그의 날개는 하나씩 떨어져 나갔다. (fall의 과거는 fell)

late

☐ 이른 ☐ 늦은

"Oh no!" he cried, but it was too late.

"안 돼!" 그는 소리쳤지만 너무 늦었다. (cry의 과거는 cried)

Icarus: Too Close to the Sun

문장을 연결하여 이야기를 다시 읽어요!

---

① King Minos locked • • too close to the sun," he said.

② They wanted to escape, • • wings with feathers and wax.

③ Daedalus made • • Daedalus and his son Icarus in a tall tower.

④ "Do not fly • • but the only way out was through the sky.

① 미노스 왕이 다이달로스와 그의 아들 이카로스를 높은 탑에 가뒀다. ② 그들은 탈출하기를 원했지만 유일한 나갈 방법은 하늘을 통해서였다. ③ 다이달로스는 깃털과 왁스로 날개를 만들었다. ④ "태양에 너무 가깝게 날지 마라."라고 그가 말했다.

---

⑤ At first, Icarus flew • • to go higher.

⑥ But soon, he wanted • • safely and felt free.

⑦ As he neared the sun, • • but it was too late.

⑧ His wings fell • • the heat melted the wax.

⑨ "Oh no!" he cried, • • apart, one by one.

⑤ 처음에, 이카로스는 안전하게 날아서 자유로움을 느꼈다. ⑥ 하지만 곧, 그는 더 높이 날기를 원했다. ⑦ 그가 태양에 가까이 가자 그 열이 왁스를 녹였다. ⑧ 그의 날개는 하나씩 떨어져 나갔다. ⑨ "안 돼!" 그는 소리쳤지만 너무 늦었다.

Icarus: Too Close to the Sun

이야기를 직접 써 보아요!

①
②
③
④
⑤
⑥
⑦
⑧
⑨

Prometheus: The Hero with Fire

Long ago, people lived in the cold and dark.

Prometheus, a kind Titan, felt sorry for them.

Fire belonged only to the gods.

He climbed Mount Olympus and stole a spark from the sun.

Then, he brought it down to the people.

우리가 편안한 생활을 누릴 수 있는 것도
누군가의 노력과 희생이 있었기 때문이 아닐까요?

With fire, they cooked food, stayed warm, and made tools.

But Zeus was very angry and said, "Prometheus broke the rules!"

He tied Prometheus to a rock.

As punishment, an eagle pecked at him daily.

But Prometheus never regretted helping people.

Prometheus: The Hero with Fire

단어들을 읽고, 주어진 문장을 써 보아요!

dark

☑ 어둠 ☐ 추위

Long ago, people lived in the cold and dark.

➡

오래전에 사람들은 추위와 어둠 속에 살았다.

sorry

☐ 슬픈 ☐ 안타까운

Prometheus, a kind Titan, felt sorry for them.

➡

친절한 타이탄족, 프로메테우스는 그들을 안타깝게 느꼈다. (feel의 과거는 felt)

god

☐ 신 ☐ 여신

Fire belonged only to the gods.

➡

불은 오로지 신들에게만 속했다.

steal

☐ 돌려주다 ☐ 훔치다

He climbed Mount Olympus and stole a spark from the sun.

➡

그는 올림퍼스산에 올라 태양에게서 불꽃을 훔쳤다. (steal의 과거는 stole)

bring down

☐ 내리다 ☐ 올리다

Then, he brought it down to the people.

➡

그런 다음에 그는 사람들에게 그것을 내려 줬다. (bring의 과거는 brought)

stay

☐ 머무르다　☐ 떠나다

With fire, they cooked food, stayed warm, and made tools.

불을 가지고 그들은 음식을 요리하고, 따뜻하게 머무르며, 도구들을 만들었다.

rule

☐ 규칙　☐ 선택

"Prometheus broke the rules!"

"프로메테우스가 규칙을 깼다!" (break의 과거형은 broke)

tie

☐ 묶다　☐ 풀다

He tied Prometheus to a rock.

그는 프로메테우스를 바위에 묶었다.

peck

☐ 쪼아 먹다　☐ 핥다

As punishment, an eagle pecked at him daily.

처벌로 독수리가 그를 매일 쪼아 먹었다.

regret

☐ 기억하다　☐ 후회하다

But Prometheus never regretted helping people.

하지만 프로메테우스는 사람들을 도운 걸 후회하지 않았다. (regret의 과거는 regretted)

Prometheus: The Hero with Fire

문장을 연결하여 이야기를 다시 읽어요!

① Long ago, people lived · · sorry for them.

② Prometheus, a kind Titan, felt · · only to the gods.

③ Fire belonged · · in the cold and dark.

④ He climbed Mount Olympus · · it down to the people.

⑤ Then, he brought · · and stole a spark from the sun.

① 오래전에 사람들은 추위와 어둠 속에 살았다. ② 친절한 타이탄족, 프로메테우스는 그들을 안타깝게 느꼈다. ③ 불은 오로지 신들에게만 속했다. ④ 그는 올림퍼스산에 올라 태양에게서 불꽃을 훔쳤다. ⑤ 그런 다음에 그는 사람들에게 그것을 내려 줬다.

⑥ With fire, they cooked food, · · an eagle pecked at him daily.

⑦ But Zeus was very angry and said, · · helping people.

⑧ He tied · · stayed warm, and made tools.

⑨ As punishment, · · Prometheus to a rock.

⑩ But Prometheus never regretted · · "Prometheus broke the rules!"

⑥ 불을 가지고 그들은 음식을 요리하고, 따뜻하게 머무르며, 도구들을 만들었다. ⑦ 하지만 제우스는 매우 화를 내며 말했다. "프로메테우스가 규칙을 깼다!" ⑧ 그는 프로메테우스를 바위에 묶었다. ⑨ 처벌로 독수리가 그를 매일 쪼아 먹었다. ⑩ 하지만 프로메테우스는 사람들을 도운 걸 후회하지 않았다.

Prometheus: The Hero with Fire

①

②

③

④

⑤

⑥

⑦

⑧

⑨

⑩

Oedipus and the Sphinx's Riddle

A sphinx blocked the city of Thebes.

She had the body of a lion, the wings of an eagle,

and the face of a woman.

She asked everyone a riddle.

If they could not answer, she would not let them

pass.

One day, a young man named Oedipus came to Thebes.

The sphinx asked him, "What walks on four legs in the morning, two at noon, and three in the evening?"

He answered, "A person! Babies crawl, adults walk, and elders use a cane."

The sphinx was shocked and disappeared.

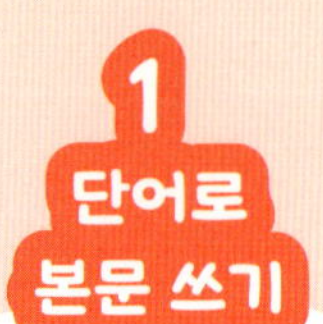

Oedipus and the Sphinx's Riddle

단어들을 읽고, 주어진 문장을 써 보아요!

block

☑ 막다 ☐ 열다

A sphinx blocked the city of Thebes.

스핑크스는 테베라는 도시를 막았다.

face

☐ 몸 ☐ 얼굴

She had the body of a lion, the wings of an eagle, and the face of a woman.

그녀는 사자의 몸과 독수리의 날개, 여자의 얼굴을 갖고 있었다. (have의 과거는 had)

riddle

☐ 시험 ☐ 수수께끼

She asked everyone a riddle.

그녀는 모두에게 수수께끼를 물었다.

pass

☐ 막다 ☐ 지나가다

If they could not answer, she would not let them pass.

만약 그들이 답하지 못하면 그녀는 그들을 지나가지 못하게 할 것이다.

at noon

What walks on four legs in the morning, two at noon, and three in the evening?

아침에 네 다리, 정오에 두 다리, 저녁에는 세 다리로 걷는 것은?

crawl

Babies crawl, and adults walk.

아기들은 기어다니고 어른들은 걷는다.

elder

Elders use a cane.

노인들은 지팡이를 사용한다.

shocked

The sphinx was shocked and disappeared.

스핑크스는 충격을 받고 사라졌다.

Oedipus and the Sphinx's Riddle

문장을 연결하여 이야기를 다시 읽어요!

① A sphinx blocked — the city of Thebes.

② She had the body of a lion, — the wings of an eagle, and the face of a woman.

③ She asked — everyone a riddle.

④ If they could not answer, — she would not let them pass.

① 스핑크스는 테베라는 도시를 막았다. ② 그녀는 사자의 몸과 독수리의 날개, 여자의 얼굴을 갖고 있었다. ③ 그녀는 모두에게 수수께끼를 물었다. ④ 만약 그들이 답하지 못하면 그녀는 그들을 지나가지 못하게 할 것이다.

⑤ One day, a young man named Oedipus — came to Thebes.

⑥ The sphinx asked him, — "What walks on four legs in the morning, two at noon, and three in the evening?"

⑦ He answered, — "A person! Babies crawl, adults walk, and elders use a cane."

⑧ The sphinx was shocked — and disappeared.

⑤ 어느 날, 오이디푸스라는 젊은이가 테베에 왔다. ⑥ 스핑크스는 그에게 물었다. "아침에 네 다리, 정오에 두 다리, 저녁에는 세 다리로 걷는 것은?" ⑦ 그는 답했다. "사람이다! 아기들은 기어다니고 어른들은 걷고 노인들은 지팡이를 사용한다." ⑧ 스핑크스는 충격을 받고 사라졌다.

Oedipus and the Sphinx's Riddle

이야기를 직접 써 보아요!

①

②

③

④

⑤

⑥

⑦

⑧

The Weakness of Achilles

Achilles was a super strong hero from a long time ago.

He could fight anyone and win!

When he was a baby, his mom dipped him in a magic river.

The water made him unbeatable.

But she held him by his heel, so that spot didn't get magic.

불사의 영웅에게도 약점이 있는 것처럼
누구에게나 약한 부분이 있어요.

Achilles grew up brave, but his heel stayed weak.

During the Trojan War, an enemy named Paris

shot an arrow at Achilles' heel.

The arrow hit his weak spot, and Achilles fell.

No one is perfect, and even the strongest people

have weaknesses.

The Weakness of Achilles

단어들을 읽고, 주어진 문장을 써 보아요!

hero

☑ 영웅　☐ 악당

Achilles was a super strong hero from a long time ago.

➡

아킬레우스는 옛날부터 엄청나게 힘센 영웅이었다.

win

☐ 지다　☐ 이기다

He could fight anyone and win!

➡

그는 누구라도 싸워서 이길 수 있었다!

dip

☐ 담그다　☐ 빼내다

His mom dipped him in a magic river.

➡

그의 엄마는 그를 마법의 강에 담갔다. (dip의 과거는 dipped)

unbeatable

☐ 약점의　☐ 무적의

The water made him unbeatable.

➡

그 물은 그를 무적으로 만들었다.

spot

☐ (특정한) 부분　☐ 발꿈치

She held him by his heel, so that spot didn't get magic.

➡

그녀가 그의 발꿈치를 잡아서 그 부분은 마법이 들어가지 못했다. (hold의 과거는 held)

weak

□ 강한　□ 약한

Achilles grew up brave, but his heel stayed weak.

아킬레우스는 용감하게 자랐지만 그의 발꿈치는 약한 채였다. (grow의 과거는 grew)

enemy

□ 적　□ 친구

An enemy named Paris shot an arrow at Achilles' heel.

파리스라는 적이 아킬레우스의 발꿈치에 화살을 쐈다. (shoot의 과거는 shot)

arrow

□ 총　□ 화살

The arrow hit his weak spot, and Achilles fell.

그 화살은 그의 약한 곳을 맞혔고 아킬레우스는 쓰러졌다. (hit의 과거는 hit)

weakness

□ 강점　□ 약점

Even the strongest people have weaknesses.

가장 강한 사람들조차 약점이 있다.

The Weakness of Achilles

문장을 연결하여 이야기를 다시 읽어요!

---

① Achilles was

② He could fight

③ When he was a baby,

④ The water made

⑤ But she held him by his heel,

anyone and win!

him unbeatable.

a super strong hero from a long time ago.

his mom dipped him in a magic river.

so that spot didn't get magic.

① 아킬레우스는 옛날부터 엄청나게 힘센 영웅이었다. ② 그는 누구라도 싸워서 이길 수 있었다! ③ 그가 아기였을 때 그의 엄마는 그를 마법의 강에 담갔다. ④ 그 물은 그를 무적으로 만들었다. ⑤ 하지만 그녀가 그의 발꿈치를 잡아서 그 부분은 마법이 들어가지 못했다.

---

⑥ Achilles grew up brave,

⑦ During the Trojan War, an enemy named Paris

⑧ The arrow hit his weak spot,

⑨ No one is perfect,

and Achilles fell.

but his heel stayed weak.

shot an arrow at Achilles' heel.

and even the strongest people have weaknesses.

⑥ 아킬레우스는 용감하게 자랐지만 그의 발꿈치는 약한 채였다. ⑦ 트로이 전쟁 동안 파리스라는 적이 아킬레우스의 발꿈치에 화살을 쐈다. ⑧ 그 화살은 그의 약한 곳을 맞혔고 아킬레우스는 쓰러졌다. ⑨ 어떤 이도 완벽하지 않고 가장 강한 사람들조차 약점이 있다.

The Weakness of Achilles

이야기를 직접 써 보아요!

①
②
③
④
⑤
⑥
⑦
⑧
⑨

Clytie, the Water Nymph

Clytie was a beautiful water nymph.

She loved the sun god, Apollo more than anything.

Every day, she watched him drive his golden chariot across the sky.

But Apollo didn't feel the same way.

Clytie felt sad and kept staring at him.

"해만 바라보는 해바라기처럼!"

해바라기가 해를 쫓듯 일방적으로 좋아하는
마음을 '짝사랑'이라고 해요.

She wouldn't move, not even to eat or sleep.

As she looked at the sun, she started to change.

Her body turned into a sunflower with a bright

yellow face.

Now, she could follow the sun all day.

She stayed close to her love in her own special way.

Clytie, the Water Nymph

단어들을 읽고, 주어진 문장을 써 보아요!

nymph

☑ 요정　□ 여신

Clytie was a beautiful water nymph.

클리티에는 아름다운 물의 요정이었다.

more than anything

□ 무엇보다 덜　□ 무엇보다 더

She loved the sun god, Apollo more than anything.

그녀는 무엇보다 더 태양의 신 아폴로를 사랑했다.

chariot

□ 마차　□ 기차

Every day, she watched him drive his golden chariot across the sky.

매일 그녀는 그가 하늘을 가로질러 그의 황금 마차를 모는 것을 바라봤다.

the same way

□ 같은 방식　□ 다른 방식

But Apollo didn't feel the same way.

하지만 아폴로는 같은 방식으로 느끼지 않았다.

stare

□ 응시하다　□ 계속하다

Clytie felt sad and kept staring at him.

클리티에는 슬픔을 느끼며 그를 계속 응시했다. (keep의 과거는 kept)

even

She wouldn't move, not even to eat or sleep.

그녀는 먹거나 잘 때조차 움직이지 않았다.

change

As she looked at the sun, she started to change.

그녀가 태양을 바라봤을 때, 그녀는 변하기 시작했다.

turn into

Her body turned into a sunflower with a bright yellow face.

그녀의 몸은 밝은 노란색 얼굴의 해바라기로 변했다.

follow

Now, she could follow the sun all day.

이제 그녀는 하루 종일 태양을 따라갈 수 있었다.

special

She stayed close to her love in her own special way.

그녀는 그녀의 특별한 방법으로 자신의 사랑에 더 가까이 머물렀다.

Clytie, the Water Nymph

문장을 연결하여 이야기를 다시 읽어요!

① Clytie was • — • the same way.

② She loved • • and kept staring at him.

③ Every day, she watched • • a beautiful water nymph.

④ But Apollo didn't feel • • the sun god, Apollo more than anything.

⑤ Clytie felt sad • • him drive his golden chariot across the sky.

① 클리티에는 아름다운 물의 요정이었다. ② 그녀는 무엇보다 더 태양의 신 아폴로를 사랑했다. ③ 매일 그녀는 그가 하늘을 가로질러 그의 황금 마차를 모는 것을 바라봤다. ④ 하지만 아폴로는 같은 방식으로 느끼지 않았다. ⑤ 클리티에는 슬픔을 느끼며 그를 계속 응시했다.

⑥ She wouldn't move, • • the sun all day.

⑦ As she looked at the sun, • • not even to eat or sleep.

⑧ Her body turned into • • close to her love in her own special way.

⑨ Now, she could follow • • she started to change.

⑩ She stayed • • a sunflower with a bright yellow face.

⑥ 그녀는 먹거나 잘 때조차 움직이지 않았다. ⑦ 그녀가 태양을 바라봤을 때, 그녀는 변하기 시작했다. ⑧ 그녀의 몸은 밝은 노란색 얼굴의 해바라기로 변했다. ⑨ 이제 그녀는 하루 종일 태양을 따라갈 수 있었다. ⑩ 그녀는 그녀의 특별한 방법으로 자신의 사랑에 더 가까이 머물렀다.

①

②

③

④

⑤

⑥

⑦

⑧

⑨

⑩

Theseus From the Labyrinth

The people in Athens sent seven boys and seven girls to Crete every year.

They were for the Minotaur, a scary monster.

It looked like a man, but it had a bull's head.

It lived in a dark labyrinth.

The children went in but never came back.

Theseus wanted to end the sacrifice.

Princess Ariadne gave him a ball of string.

She said, "Tie one end at the door, and follow it back

after."

Theseus beat the Minotaur and followed the string

back out.

He escaped the tricky maze!

Theseus From the Labyrinth

단어들을 읽고, 주어진 문장을 써 보아요!

send

☑ 보내다 ☐ 받다

The people in Athens sent seven boys and seven girls to Crete every year.

아테네의 사람들은 매년 7명의 소년과 소녀를 크레테에 보냈다. (send의 과거는 sent)

scary

☐ 멋진 ☐ 무서운

They were for the Minotaur, a scary monster.

그들은 무서운 괴물 미노타우로스를 위한 것이었다.

bull

☐ 황소 ☐ 괴물

It looked like a man, but it had a bull's head.

그것은 사람처럼 보였지만 황소의 머리를 갖고 있었다.

labyrinth

☐ 성 ☐ 미로

It lived in a dark labyrinth.

그것은 어두운 미로에서 살았다.

go in

☐ 나가다 ☐ 들어가다

The children went in but never came back.

아이들이 들어갔지만 결코 돌아오지 않았다. (go의 과거는 went)

sacrifice

Theseus wanted to end the sacrifice.

테세우스는 희생을 멈추고 싶었다.

string

Princess Ariadne gave him a ball of string.

아리아드네 공주가 그에게 한 뭉치의 줄을 주었다. (give의 과거는 gave)

end

Tie one end at the door, and follow it back after.

문에 한쪽 끝을 묶고 이후에 다시 이것을 따라와라.

beat

Theseus beat the Minotaur.

테세우스는 미노타우로스를 물리쳤다. (beat의 과거는 beat)

escape

He escaped the tricky maze!

그는 까다로운 미로를 탈출했다!

Theseus From the Labyrinth

문장을 연결하여 이야기를 다시 읽어요!

① The people in Athens sent   •‑‑‑‑‑‑‑‑•   seven boys and seven girls to Crete every year.

② They were   •   •   in a dark labyrinth.

③ It looked like a man,   •   •   for the Minotaur, a scary monster.

④ It lived   •   •   but it had a bull's head.

⑤ The children went in   •   •   but never came back.

① 아테네의 사람들은 매년 7명의 소년과 소녀를 크레테에 보냈다. ② 그들은 무서운 괴물 미노타우로스를 위한 것이었다. ③ 그것은 사람처럼 보였지만 황소의 머리를 갖고 있었다. ④ 그것은 어두운 미로에서 살았다. ⑤ 아이들이 들어갔지만 결코 돌아오지 않았다.

⑥ Theseus wanted   •   •   the tricky maze!

⑦ Princess Ariadne gave   •   •   the Minotaur and followed the string back out.

⑧ She said,   •   •   him a ball of string.

⑨ Theseus beat   •   •   to end the sacrifice.

⑩ He escaped   •   •   "Tie one end at the door, and follow it back after."

⑥ 테세우스는 희생을 멈추고 싶었다. ⑦ 아리아드네 공주가 그에게 한 뭉치의 줄을 주었다. ⑧ "문에 한쪽 끝을 묶고 이후에 다시 이것을 따라와라."라고 그녀가 말했다. ⑨ 테세우스는 미노타우로스를 물리치고 줄을 따라 밖으로 나갔다. ⑩ 그는 까다로운 미로를 탈출했다!

① ____

② ____

③ ____

④ ____

⑤ ____

⑥ ____

⑦ ____

⑧ ____

⑨ ____

⑩ ____

Pygmalion and His Statue

Pygmalion was no ordinary artist.

He could turn stone into beauty.

People traveled miles to see his amazing statues.

But Pygmalion had one problem: he didn't believe in love.

"No one is perfect," he said.

One day, he made a statue of a woman and fell in love with it.

He prayed to Aphrodite, the goddess of love, "Please, make her real!"

That night, something magical happened.

The statue's eyes popped open. She smiled big.

"She's alive!" Pygmalion shouted with joy.

Pygmalion and His Statue
단어들을 읽고, 주어진 문장을 써 보아요!

ordinary
☑ 평범한　☐ 비범한

Pygmalion was no ordinary artist.

피그말리온은 평범한 예술가는 아니었다.

beauty
☐ 느낌　☐ 아름다움

He could turn stone into beauty.

그는 돌을 아름다움으로 바꿀 수 있었다.

statue
☐ 조각　☐ 그림

People traveled miles to see his amazing statues.

사람들은 그의 놀라운 조각을 보기 위해서 수 마일을 여행했다.

believe
☐ 말하다　☐ 믿다

He didn't believe in love.

그는 사랑을 믿지 않았다.

perfect
☐ 완벽한　☐ 불완전한

"No one is perfect," he said.

"아무도 완벽하지 않아."라고 그는 말했다.

fall in love

□ 자랑하다　□ 사랑에 빠지다

One day, he fell in love with it.

어느 날, 그는 그것과 사랑에 빠졌다. (fall의 과거는 fell)

pray

□ 기도하다　□ 절하다

He prayed to Aphrodite, the goddess of love, "Please, make her real!"

그는 사랑의 여신인 아프로디테에게 기도했다. "제발 그녀를 진짜로 만들어 주세요!"

magical

□ 일상의　□ 마법의

That night, something magical happened.

그날 밤, 마법 같은 일이 일어났다.

pop

□ 감기다　□ 갑자기 튀어나오다

The statue's eyes popped open.

그 조각의 눈이 갑자기 떠졌다. (pop의 과거는 popped)

joy

□ 기쁨　□ 슬픔

"She's alive!" Pygmalion shouted with joy.

"그녀가 살아 있다!" 피그말리온은 기쁨에 소리쳤다.

Pygmalion and His Statue

문장을 연결하여 이야기를 다시 읽어요!

① Pygmalion was — • no ordinary artist.

② He could turn • • stone into beauty.

③ People traveled miles • • to see his amazing statues.

④ But Pygmalion had one problem: • • he didn't believe in love.

⑤ "No one is perfect," • • he said.

① 피그말리온은 평범한 예술가는 아니었다. ② 그는 돌을 아름다움으로 바꿀 수 있었다. ③ 사람들은 그의 놀라운 조각을 보기 위해서 수 마일을 여행했다. ④ 하지만 피그말리온은 한 가지 문제가 있었다. 그는 사랑을 믿지 않았다. ⑤ "아무도 완벽하지 않아."라고 그는 말했다.

⑥ One day, he made a statue of a woman • • happened.

⑦ He prayed to Aphrodite, the goddess of love, • • and fell in love with it.

⑧ That night, something magical • • She smiled big.

⑨ The statue's eyes popped open. • • Pygmalion shouted with joy.

⑩ "She's alive!" • • "Please, make her real!"

⑥ 어느 날, 그는 여성 조각을 만들었고 그것과 사랑에 빠졌다. ⑦ 그는 사랑의 여신인 아프로디테에게 기도했다. "제발 그녀를 진짜로 만들어 주세요!" ⑧ 그날 밤, 마법 같은 일이 일어났다. ⑨ 그 조각의 눈이 갑자기 떠졌다. 그녀는 크게 미소 지었다. ⑩ "그녀가 살아 있다!" 피그말리온은 기쁨에 소리쳤다.

Pygmalion and His Statue

이야기를 직접 써 보아요!

①

②

③

④

⑤

⑥

⑦

⑧

⑨

⑩

Sisyphus' Punishment

Sisyphus was a clever king, but he was also very naughty.

He tricked the gods and made them angry.

One of his worst tricks was to trap Death itself!

He tied up the god of death in chains, and no one could die.

When the gods found out, they were furious.

They gave him a terrible job:

He had to roll a huge boulder up a steep hill—

forever.

Every time he reached the top, it rolled back down.

His punishment never ended, just like the gods

planned.

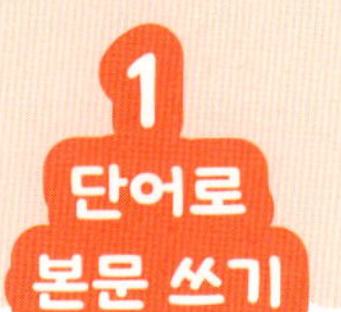

Sisyphus' Punishment

단어들을 읽고, 주어진 문장을 써 보아요!

clever

☑ 현명한　☐ 어눌한

Sisyphus was a clever king.

시시포스는 현명한 왕이었다.

naughty

☐ 사악한　☐ 장난스러운

He was also very naughty.

그는 또한 무척 장난스러웠다.

trick

☐ 전쟁하다　☐ 장난치다

He tricked the gods and made them angry.

그는 신들에게 장난을 쳤고 그들을 화나게 만들었다.

trap

☐ 가두다　☐ 풀어주다

One of his worst tricks was to trap Death itself!

그의 가장 나쁜 장난 중에 하나는 죽음 그 자체를 가두는 것이었다!

chain

☐ 사슬　☐ 깃털

He tied up the god of death in chains, and no one could die.

그는 죽음의 신을 사슬로 묶어서 누구도 죽지 못하게 했다.

60

furious

When the gods found out, they were furious.

신들은 이 사실을 알았을 때 그들은 분노했다. (find의 과거는 found)

terrible

They gave him a terrible job.

그들은 그에게 끔찍한 일을 주었다.

boulder

He had to roll a huge boulder up a steep hill.

그는 가파른 언덕 위로 거대한 바위를 굴려야 했다.

roll

Every time he reached the top, it rolled back down.

그가 꼭대기에 도달할 때마다, 그것은 다시 아래로 굴러떨어졌다.

end

His punishment never ended, just like the gods planned.

신들이 계획했던 대로, 그의 형벌은 결코 끝나지 않았다. (plan의 과거는 planned)

Sisyphus' Punishment

문장을 연결하여 이야기를 다시 읽어요!

① Sisyphus was a clever king,

② He tricked the gods

③ One of his worst tricks was

④ He tied up the god of death in chains,

- and made them angry.
- to trap Death itself!
- and no one could die.
- but he was also very naughty.

① 시시포스는 현명한 왕이었지만 그는 또한 무척 장난스러웠다. ② 그는 신들에게 장난을 쳤고 그들을 화나게 만들었다. ③ 그의 가장 나쁜 장난 중에 하나는 죽음 그 자체를 가두는 것이었다! ④ 그는 죽음의 신을 사슬로 묶어서 누구도 죽지 못하게 했다.

⑤ When the gods found out,

⑥ They gave him a terrible job:

⑦ Every time he reached the top,

⑧ His punishment never ended,

- it rolled back down.
- they were furious.
- just like the gods planned.
- He had to roll a huge boulder up a steep hill — forever.

⑤ 신들은 이 사실을 알았을 때 그들은 분노했다. ⑥ 그들은 그에게 끔찍한 일을 주었다. 그는 가파른 언덕 위로 거대한 바위를 영원히 굴려야 했다. ⑦ 그가 꼭대기에 도달할 때마다, 그것은 다시 아래로 굴러떨어졌다. ⑧ 신들이 계획했던 대로, 그의 형벌은 결코 끝나지 않았다.

Sisyphus' Punishment

이야기를 직접 써 보아요!

①

②

③

④

⑤

⑥

⑦

⑧

월

일

DAY 10

Europa and the Magic Bull

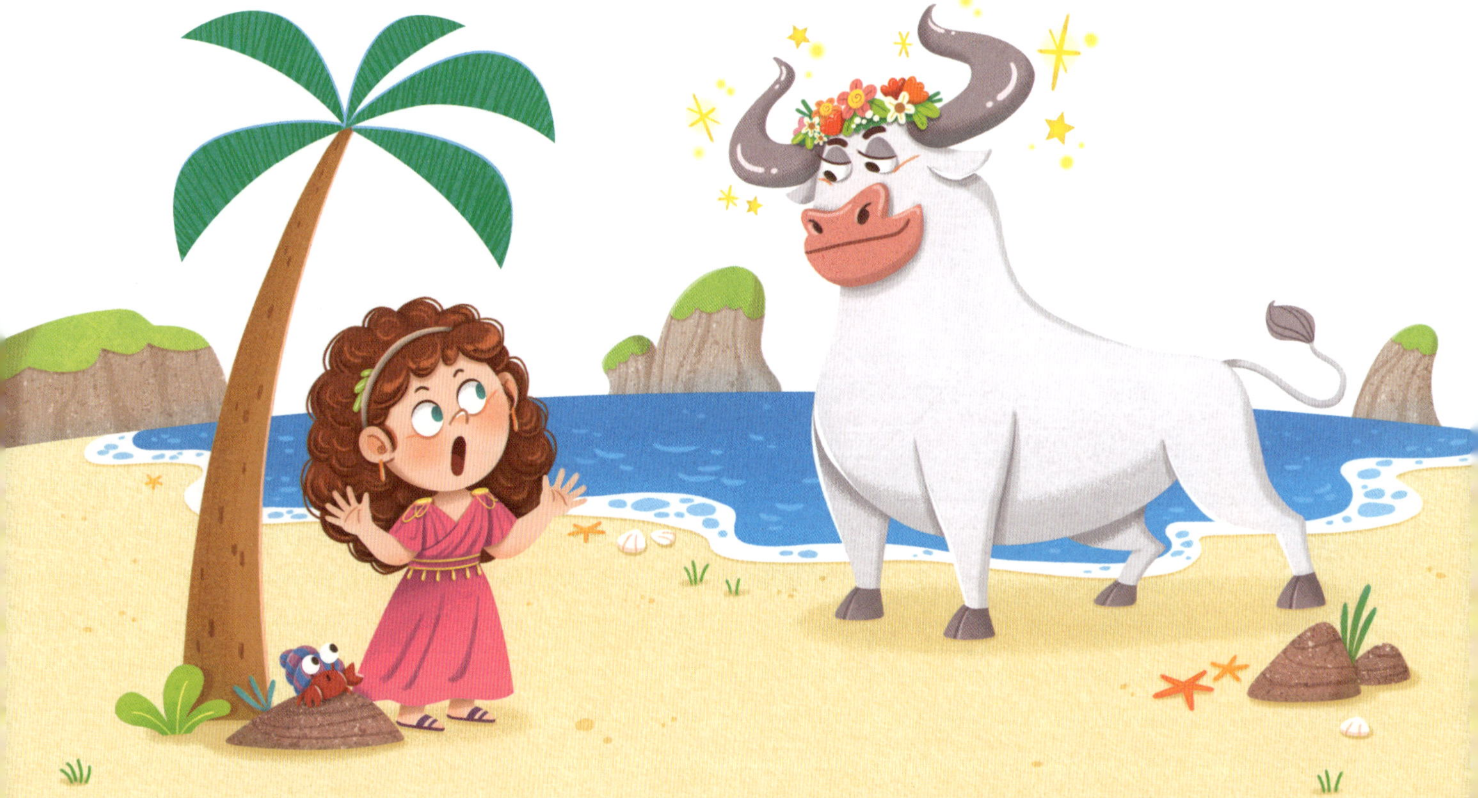

A beautiful princess Europa saw a gentle white bull on the beach.

Its horns sparkled, and its eyes were gentle.

The bull was actually the god Zeus in disguise.

Curious and fearless, she climbed onto the bull's back.

Suddenly, it ran into the sea and flew across the waves!

The bull carried her far away to a new land.

There, Zeus told her the truth and gave her a kingdom.

They called it Europe after Europa herself.

Her name still lives on today, in the name of the whole continent.

Europa and the Magic Bull

단어들을 읽고, 주어진 문장을 써 보아요!

bull

☑ 황소　☐ 젖소

A beautiful princess Europa saw a gentle white bull on the beach.

아름다운 공주 유로파는 해변에서 온순한 흰 황소를 보았다. (see의 과거는 saw)

sparkle

☐ 불이 나다　☐ 반짝이다

Its horns sparkled, and its eyes were gentle.

뿔은 반짝이고 눈은 온화했다.

actually

☐ 실제로　☐ 가짜로

The bull was actually the god Zeus.

황소는 실제로 제우스 신이었다.

disguise

☐ 변장　☐ 사기

The bull was actually the god Zeus in disguise.

황소는 실제로 변장한 제우스 신이었다.

fearless

☐ 두려운　☐ 두려움 없는

Curious and fearless, she climbed onto the bull's back.

호기심이 많고 두려움이 없는 그녀는 황소의 등에 올라탔다.

wave

□ 바다　□ 파도

Suddenly, it ran into the sea and flew across the waves!

갑자기 그것은 바다로 달려가 파도를 가로질러 날아갔다! (run의 과거는 ran)

carry

□ 데려가다　□ 부르다

The bull carried her far away to a new land.

황소는 그녀를 멀리 새로운 땅으로 데려갔다. (carry의 과거는 carried)

kingdom

□ 대륙　□ 왕국

There, Zeus told her the truth and gave her a kingdom.

그곳에서 제우스는 그녀에게 진실을 말하고 그녀에게 왕국을 주었다. (tell의 과거는 told)

herself

□ 그녀 자신　□ 우리 자신

They called it Europe after Europa herself!

그들은 그곳을 유로파라는 그녀 자신의 이름을 따서 유럽이라고 불렀다.

continent

□ 대륙　□ 도시

Her name still lives on today, in the name of the whole continent.

그녀의 이름은 오늘날에도 대륙 전체의 이름으로 남아 있다.

Europa and the Magic Bull
문장을 연결하여 이야기를 다시 읽어요!

① A beautiful princess Europa saw

② Its horns sparkled,

③ The bull was actually

④ Curious and fearless,

- the god Zeus in disguise.
- and its eyes were gentle.
- a gentle white bull on the beach.
- she climbed onto the bull's back.

① 아름다운 공주 유로파는 해변에서 온순한 흰 황소를 보았다. ② 뿔은 반짝이고 눈은 온화했다. ③ 황소는 실제로 변장한 제우스 신이었다. ④ 호기심이 많고 두려움이 없는 그녀는 황소의 등에 올라탔다.

---

⑤ Suddenly, it ran into the sea

⑥ The bull carried

⑦ There, Zeus told her the truth

⑧ They called

⑨ Her name still lives

- her far away to a new land.
- and gave her a kingdom.
- and flew across the waves!
- it Europe after Europa herself.
- on today, in the name of the whole continent.

⑤ 갑자기 그것은 바다로 달려가 파도를 가로질러 날아갔다! ⑥ 황소는 그녀를 멀리 새로운 땅으로 데려갔다. ⑦ 그곳에서 제우스는 그녀에게 진실을 말하고 그녀에게 왕국을 주었다. ⑧ 그들은 그곳을 유로파라는 그녀 자신의 이름을 따서 유럽이라고 불렀다. ⑨ 그녀의 이름은 오늘날에도 대륙 전체의 이름으로 남아 있다.

Europa and the Magic Bull

이야기를 직접 써 보아요!

① ____________________

② ____________________

③ ____________________

④ ____________________

⑤ ____________________

⑥ ____________________

⑦ ____________________

⑧ ____________________

⑨ ____________________

Arachne and the Spider

Arachne was a talented weaver.

She bragged that she was better than the goddess Athena.

Athena heard her and challenged her to a contest.

Both worked fast, their hands flying like lightning.

Arachne's tapestry was amazing, but her weaving skills made the gods look silly.

아라크네처럼 자신과 남을 비교하며
우쭐거리다가 미움을 사면 안 되겠죠?

When the contest ended, Athena was angry.

She tore the tapestry and said, "You are too proud!"

As punishment, Athena turned Arachne into a spider.

Now, spiders weave webs forever, just like Arachne once did.

Arachne and the Spider

단어들을 읽고, 주어진 문장을 써 보아요!

weaver

☑ 방직공　☐ 화가

Arachne was a talented weaver.

아라크네는 재능 있는 **방직공**이었다.

brag

☐ 말하다　☐ 자랑하다

She bragged that she was better than the goddess Athena.

그녀는 자신이 아테나 여신보다 더 낫다고 **자랑했다**. (brag의 과거는 bragged)

challenge

☐ 통과하다　☐ (시합을) 제의하다

Athena challenged her to a contest.

아테나는 그녀에게 시합을 **제의했다**. (hear의 과거는 heard)

lightning

☐ 번개　☐ 천둥

Both worked fast, their hands flying like lightning.

둘 다 빠르게 작업했고, 그들의 손은 **번개**처럼 날아다녔다.

amazing

☐ 놀라운　☐ 엉망인

Arachne's tapestry was amazing.

아라크네의 태피스트리는 **놀라웠다**.

weaving

□ 바느질   □ 베틀 짜기

Her weaving skills made the gods look silly.

그녀의 베틀 짜는 기술은 신들을 어리석어 보이게 만들었다.

contest

□ 시합   □ 전시

When the contest ended, Athena was angry.

시합이 끝나자 아테나는 화를 냈다.

tear

□ 버리다   □ 찢다

She tore the tapestry.

그녀는 태피스트리를 찢었다. (tear의 과거형은 tore)

spider

□ 개미   □ 거미

As punishment, Athena turned Arachne into a spider.

처벌로 아테나는 아라크네를 거미로 변하게 만들었다.

weave

□ 짜다   □ 묶다

Now, spiders weave webs forever, just like Arachne once did.

이제 거미는 한때 아라크네가 그랬던 것처럼 영원히 거미줄을 짠다.

Arachne and the Spider

문장을 연결하여 이야기를 다시 읽어요!

① Arachne was

② She bragged

③ Athena heard her

④ Both worked fast,

⑤ Arachne's tapestry was amazing,

- their hands flying like lightning.
- and challenged her to a contest.
- a talented weaver.
- but her weaving skills made the gods look silly.
- that she was better than the goddess Athena.

① 아라크네는 재능 있는 방직공이었다. ② 그녀는 자신이 아테나 여신보다 더 낫다고 자랑했다. ③ 아테나는 그녀의 말을 듣고 그녀에게 시합을 제의했다. ④ 둘 다 빠르게 작업했고, 그들의 손은 번개처럼 날아다녔다. ⑤ 아라크네의 태피스트리는 놀라웠지만 그녀의 베틀 짜는 기술은 신들을 어리석어 보이게 만들었다.

⑥ When the contest ended,

⑦ She tore the tapestry

⑧ As punishment,

⑨ Now, spiders weave webs forever,

- and said, "You are too proud!"
- Athena was angry.
- just like Arachne once did.
- Athena turned Arachne into a spider.

⑥ 시합이 끝나자 아테나는 화를 냈다. ⑦ 그녀는 태피스트리를 찢으며 말했다. "너는 너무 거만하다!" ⑧ 처벌로 아테나는 아라크네를 거미로 변하게 만들었다. ⑨ 이제 거미는 한때 아라크네가 그랬던 것처럼 영원히 거미줄을 짠다.

①

②

③

④

⑤

⑥

⑦

⑧

⑨

Perseus and Medusa's Head

Perseus lived with his kind mother, Danae.

A greedy king wanted to marry her.

To get rid of Perseus, the king gave him an impossible task.

"Bring me the head of Medusa!"

Medusa was a terrible monster with snakes for hair.

Just one look into her eyes could turn people into stone!

The gods gave him a shiny shield, flying shoes, and a magic sword.

Perseus flew to Medusa's dark cave.

He used the shield like a mirror and didn't look at her.

With one quick move, he cut off her head!

Perseus and Medusa's Head

단어들을 읽고, 주어진 문장을 써 보아요!

live with

☑ ~와 살다   ☐ ~에 살다

Perseus lived with his kind mother, Danae.

페르세우스는 친절한 어머니 다나에와 살았다.

greedy

☐ 욕심 없는   ☐ 탐욕스러운

A greedy king wanted to marry her.

탐욕스러운 왕이 그녀와 결혼하고 싶어 했다.

get rid of

☐ 없애다   ☐ 살리다

To get rid of Perseus.

페르세우스를 없애기 위해.

task

☐ 시합   ☐ 임무

The king gave him an impossible task.

왕은 그에게 불가능한 임무를 주었다. (give의 과거는 gave)

snake

☐ 뱀   ☐ 괴물

Medusa was a terrible monster with snakes
for hair.

메두사는 머리카락에 뱀이 달린 끔찍한 괴물이었다.

stone

☐ 돌　☐ 조각

Just one look into her eyes could turn people into stone!

그녀의 눈을 한 번만 봐도 사람들은 돌로 변할 수 있었다!

shield

☐ 창　☐ 방패

The gods gave him a shiny shield, flying shoes, and a magic sword.

신들은 그에게 빛나는 방패, 날아다니는 신발, 마법 검을 주었다.

cave

☐ 동굴　☐ 궁전

Perseus flew to Medusa's dark cave.

페르세우스는 메두사의 어두운 동굴로 날아갔다. (fly의 과거는 flew)

mirror

☐ 무기　☐ 거울

He used the shield like a mirror.

그는 방패를 거울처럼 사용했다.

quick

☐ 느린　☐ 재빠른

With one quick move, he cut off her head!

한 번의 재빠른 움직임으로 그는 그녀의 머리를 잘랐다!

Perseus and Medusa's Head

문장을 연결하여 이야기를 다시 읽어요!

① Perseus lived • • to marry her.

② A greedy king wanted • • with his kind mother, Danae.

③ To get rid of Perseus, • • the head of Medusa!"

④ "Bring me • • the king gave him an impossible task.

⑤ Medusa was • • people into stone!

⑥ Just one look into her eyes could turn • • a terrible monster with snakes for hair.

① 페르세우스는 친절한 어머니 다나에와 살았다. ② 탐욕스러운 왕이 그녀와 결혼하고 싶어 했다. ③ 페르세우스를 없애기 위해 왕은 그에게 불가능한 임무를 주었다. ④ "메두사의 머리를 나에게 가져와라!" ⑤ 메두사는 머리카락에 뱀이 달린 끔찍한 괴물이었다. ⑥ 그녀의 눈을 한 번만 봐도 사람들은 돌로 변할 수 있었다!

⑦ The gods gave • • to Medusa's dark cave.

⑧ Perseus flew • • and didn't look at her.

⑨ He used the shield like a mirror • • he cut off her head!

⑩ With one quick move, • • him a shiny shield, flying shoes, and a magic sword.

⑦ 신들은 그에게 빛나는 방패, 날아다니는 신발, 마법 검을 주었다. ⑧ 페르세우스는 메두사의 어두운 동굴로 날아갔다. ⑨ 그는 방패를 거울처럼 사용하여 그녀를 보지 않았다. ⑩ 한 번의 재빠른 움직임으로 그는 그녀의 머리를 잘랐다!

Perseus and Medusa's Head

이야기를 직접 써 보아요!

①

②

③

④

⑤

⑥

⑦

⑧

⑨

⑩

Hercules and Atlas

Hercules was a strong hero with many hard jobs.

One of his toughest tasks was to get golden apples.

But the apples were guarded by a dragon and only

a giant named Atlas could go there.

Hercules found Atlas holding up the sky on his

shoulders.

"Fine, but hold the sky," said Atlas.

Hercules agreed and took the sky.

Atlas returned with the apples but he didn't want the sky back.

Hercules said, "Can you hold it for just a moment while I fix my cloak?"

Atlas took it back, and Hercules grabbed the apples and ran away!

Hercules and Atlas

단어들을 읽고, 주어진 문장을 써 보아요!

hard

☑ 어려운(힘든) ☐ 쉬운

Hercules was a strong hero with many hard jobs.

헤라클레스는 어려운 일을 많이 하는 강력한 영웅이었다.

tough

☐ 무례한 ☐ 힘든(어려운)

One of his toughest tasks was to get golden apples.

그의 가장 힘든 임무 중 하나는 황금 사과를 얻는 것이었다.

be guarded

☐ 꺼내지다 ☐ 지켜지다

But the apples were guarded by a dragon.

하지만 사과는 용이 지키고 있었다.

giant

☐ 신 ☐ 거인

Only a giant named Atlas could go there.

아틀라스라는 거인만이 그곳에 갈 수 있었다.

shoulder

☐ 어깨 ☐ 다리

Hercules found Atlas holding up the sky on his shoulders.

헤라클레스는 아틀라스가 그의 어깨에 하늘을 받치고 있는 것을 발견했다.

hold

□ 넣다　□ 들다

Fine, but hold the sky.

좋아, 그러나 하늘을 들어라.

agree

□ 동의하다　□ 반대하다

Hercules agreed and took the sky.

헤라클레스는 동의하고 하늘을 받았다. (agree의 과거는 agreed)

return

□ 보상하다　□ 되돌아오다

Atlas returned with the apples but he didn't want the sky back.

아틀라스는 사과를 가지고 돌아왔지만 그는 하늘을 되받고 싶지 않았다.

fix

□ 고치다　□ 만들다

Can you hold it for just a moment while I fix my cloak?

내가 망토를 고쳐 입는 동안 잠시만 들어 줄래?

grab

□ 넣다　□ 움켜쥐다

Hercules grabbed the apples and ran away!

헤라클레스는 사과를 움켜쥐고 도망갔다! (grab의 과거는 grabbed)

Hercules and Atlas

문장을 연결하여 이야기를 다시 읽어요!

① Hercules was • • Atlas holding up the sky on his shoulders.

② One of his toughest tasks was • • a strong hero with many hard jobs.

③ But the apples were guarded by a dragon • • to get golden apples.

④ Hercules found • • and only a giant named Atlas could go there.

⑤ "Fine, but hold the sky," • • said Atlas.

① 헤라클레스는 어려운 일을 많이 하는 강력한 영웅이었다. ② 그의 가장 힘든 임무 중 하나는 황금 사과를 얻는 것이었다. ③ 하지만 사과는 용이 지키고 있었고 아틀라스라는 거인만이 그곳에 갈 수 있었다. ④ 헤라클레스는 아틀라스가 그의 어깨에 하늘을 받치고 있는 것을 발견했다. ⑤ "좋아, 그러나 하늘을 들어라." 아틀라스가 말했다.

⑥ Hercules agreed • • and took the sky.

⑦ Atlas returned with the apples • • but he didn't want the sky back.

⑧ Hercules said, • • and Hercules grabbed the apples and ran away!

⑨ Atlas took it back, • • "Can you hold it for just a moment while I fix my cloak?"

⑥ 헤라클레스는 동의하고 하늘을 받았다. ⑦ 아틀라스는 사과를 가지고 돌아왔지만 그는 하늘을 되받고 싶지 않았다. ⑧ 헤라클레스는 말했다. "내가 망토를 고쳐 입는 동안 잠시만 들어 줄래?" ⑨ 아틀라스가 그것을 되받자, 헤라클레스는 사과를 움켜쥐고 도망갔다!

Hercules and Atlas

이야기를 직접 써 보아요!

①

②

③

④

⑤

⑥

⑦

⑧

⑨

The Trojan War: The Beginning

The Trojan War began with a golden apple.

At a wedding in Olympus, the goddess Eris wasn't invited.

Angry, she threw a golden apple with the words "For the fairest."

Three goddesses wanted it—Hera, Athena, and Aphrodite.

They told Prince Paris of Troy to pick the prettiest.

Each goddess offered him a gift.

Paris chose Aphrodite because she promised him Helen, the queen of Sparta.

Paris took Helen to Troy, and her husband, King Menelaus, was furious.

The Greeks sent many ships to get her back.

And so, the great Trojan War began!

The Trojan War: The Beginning

단어들을 읽고, 주어진 문장을 써 보아요!

war

☑ 전쟁　□ 평화

The Trojan War began with a golden apple.

트로이 **전쟁**은 황금 사과에서 시작됐다. (begin의 과거는 began)

be invited

□ 초대하다　□ 초대받다

At a wedding in Olympus, the goddess Eris wasn't invited.

올림퍼스의 결혼식에 여신 에리스가 **초대받지** 못했다.

fairest

□ 가장 아름다운　□ 가장 강력한

Angry, she threw a golden apple with the words "For the fairest."

화가 난 그녀는 "**가장 아름다운** 분께"라고 적힌 황금 사과를 던졌다. (throw의 과거는 threw)

goddess

□ 신　□ 여신

Three goddesses wanted it—Hera, Athena, and Aphrodite.

헤라, 아테나, 아프로디테, 세 **여신**이 그것을 원했다.

pick

□ 원하다　□ 고르다

They told Prince Paris of Troy to pick the prettiest.

그들은 트로이의 왕자 파리스에게 가장 아름다운 이를 **고르라고** 요청했다.

offer

□ 제안하다 □ 나눠 주다

Each goddess offered him a gift.

각 여신은 그에게 선물을 제안했다.

promise

□ 정하다 □ 약속하다

She promised him Helen, the queen of Sparta.

그녀는 그에게 스파르타의 여왕 헬레네를 약속했다.

husband

□ 남편 □ 아내

Her husband, King Menelaus, was furious.

그녀의 남편인 메넬라오스 왕은 분노했다.

Greek

□ 트로이인 □ 그리스인

The Greeks sent many ships to get her back.

그리스인들은 그녀를 되찾기 위해 많은 배를 보냈다. (send의 과거는 sent)

begin

□ 끝나다 □ 시작하다

And so, the great Trojan War began!

그리하여 거대한 트로이 전쟁이 시작되었다!

The Trojan War: The Beginning

문장을 연결하여 이야기를 다시 읽어요!

① The Trojan War began • • with the words "For the fairest."

② At a wedding in Olympus, • • with a golden apple.

③ Angry, she threw a golden apple • • the goddess Eris wasn't invited.

④ Three goddesses wanted it • • —Hera, Athena, and Aphrodite.

⑤ They told Prince Paris of Troy • • to pick the prettiest.

① 트로이 전쟁은 황금 사과에서 시작됐다. ② 올림퍼스의 결혼식에 여신 에리스가 초대받지 못했다. ③ 화가 난 그녀는 "가장 아름다운 분께"라고 적힌 황금 사과를 던졌다. ④ 헤라, 아테나, 아프로디테, 세 여신이 그것을 원했다. ⑤ 그들은 트로이의 왕자 파리스에게 가장 아름다운 이를 고르라고 요청했다.

⑥ Each goddess offered • • him a gift.

⑦ Paris chose Aphrodite • • to get her back.

⑧ Paris took Helen to Troy, • • began!

⑨ The Greeks sent many ships • • and her husband, King Menelaus, was furious.

⑩ And so, the great Trojan War • • because she promised him Helen, the queen of Sparta.

⑥ 각 여신은 그에게 선물을 제안했다. ⑦ 파리스는 아프로디테를 골랐는데 그녀가 그에게 스파르타의 여왕 헬레네를 약속했기 때문이다. ⑧ 파리스는 헬레네를 트로이로 데려갔고, 그녀의 남편인 메넬라오스 왕은 분노했다. ⑨ 그리스인들은 그녀를 되찾기 위해 많은 배를 보냈다. ⑩ 그리하여 거대한 트로이 전쟁이 시작되었다!

The Trojan War: The Beginning

이야기를 직접 써 보아요!

①

②

③

④

⑤

⑥

⑦

⑧

⑨

⑩

Pandora and the Box

Long ago, the gods made the first woman.

Her name was Pandora.

The gods gave her many gifts: beauty, charm, and curiosity.

Then Zeus handed her a mysterious box and said, "Never open it!"

But Pandora's curiosity grew stronger every day.

One day, she couldn't resist and she opened the box.

Suddenly, dark things flew out: pain, sickness, anger, and sadness!

Pandora was scared. She quickly shut the box.

Inside, one tiny thing was still there, "Hope."

And that's how "Hope" stayed with people, even in hard times.

Pandora and the Box

단어들을 읽고, 주어진 문장을 써 보아요!

woman

☑ 여성　☐ 남성

Long ago, the gods made the first woman.

오래전, 신들은 최초의 여자를 만들었다.

gift

☐ 선물　☐ 상품

The gods gave her many gifts.

신들은 그녀에게 많은 선물을 주었다.

charm

☐ 매력　☐ 미모

The gods gave her many gifts: beauty, charm, and curiosity.

신들은 그녀에게 아름다움, 매력, 호기심이라는 많은 선물을 주었다.

hand

☐ 나눠 주다　☐ 건네주다

Then Zeus handed her a mysterious box.

그런 다음 제우스는 신비한 상자를 그녀에게 건네주었다.

curiosity

☐ 매력　☐ 호기심

But Pandora's curiosity grew stronger every day.

하지만 판도라의 호기심은 나날이 강해졌다. (grow의 과거는 grew)

96

resist

One day, she couldn't resist.

어느 날, 그녀는 참지 못했다.

anger

Suddenly, dark things flew out: pain, sickness, anger, and sadness!

갑자기 고통, 질병, 분노, 슬픔 등 어두운 것들이 날아가 버렸다!

shut

Pandora was scared. She quickly shut the box.

판도라는 겁이 났다. 그녀는 재빨리 상자를 닫았다. (shut의 과거는 shut)

tiny

Inside, one tiny thing was still there, "Hope."

그 안에는 아직 작은 것, '희망'이 하나 남아 있었다.

in hard time

And that's how "Hope" stayed with people, even in hard times.

그렇게 해서 '희망'은 어려운 시기에도 사람들과 함께했다.

Pandora and the Box

문장을 연결하여 이야기를 다시 읽어요!

① Long ago, the gods made • • Pandora.

② Her name was • • beauty, charm, and curiosity.

③ The gods gave her many gifts: • • the first woman.

④ Then Zeus handed her a mysterious box • • stronger every day.

⑤ But Pandora's curiosity grew • • and said, "Never open it!"

① 오래전, 신들은 최초의 여자를 만들었다. ② 그녀의 이름은 판도라였다. ③ 신들은 그녀에게 아름다움, 매력, 호기심이라는 많은 선물을 주었다. ④ 그런 다음 제우스는 신비한 상자를 그녀에게 건네며 "절대로 열지 마라!"라고 말했다. ⑤ 하지만 판도라의 호기심은 나날이 강해졌다.

⑥ One day, she couldn't resist • • She quickly shut the box.

⑦ Suddenly, dark things flew out: • • pain, sickness, anger, and sadness!

⑧ Pandora was scared. • • still there, "Hope."

⑨ Inside, one tiny thing was • • and she opened the box.

⑩ And that's how "Hope" stayed • • with people, even in hard times.

⑥ 어느 날, 그녀는 참지 못하고 상자를 열었다. ⑦ 갑자기 고통, 질병, 분노, 슬픔 등 어두운 것들이 날아가 버렸다! ⑧ 판도라는 겁이 났다. 그녀는 재빨리 상자를 닫았다. ⑨ 그 안에는 아직 작은 것, '희망'이 하나 남아 있었다. ⑩ 그렇게 해서 '희망'은 어려운 시기에도 사람들과 함께했다.

Pandora and the Box

이야기를 직접 써 보아요!

①

②

③

④

⑤

⑥

⑦

⑧

⑨

⑩

The Mother's Tears and the Seasons

The goddess Demeter made the earth bloom with flowers and crops.

Her daughter, Persephone, was full of joy and light.

But one day, Hades, god of the underworld, took Persephone away!

Demeter was heartbroken.

She stopped making plants grow.

The world turned cold and quiet—winter came.

Zeus made a deal: Persephone would stay with
Hades for part of the year.

When Persephone returned, Demeter smiled.

They danced through spring and summer.

But each year, Persephone had to return below.

Demeter grew sad again, and autumn arrived.

The Mother's Tears and the Seasons

단어들을 읽고, 주어진 문장을 써 보아요!

crop
☑ 작물 ☐ 식물

The goddess Demeter made the earth bloom with flowers and crops.

➡

데메테르 여신은 땅에 꽃과 작물을 피어나게 했다.

full
☐ 가득한 ☐ 부족한

Her daughter, Persephone, was full of joy and light.

➡

그녀의 딸 페르세포네는 기쁨과 빛으로 가득 차 있었다.

underworld
☐ 지상 ☐ 지하 세계

Hades, god of the underworld, took Persephone away!

➡

지하 세계의 신 하데스가 페르세포네를 빼앗아 갔다! (take의 과거는 took)

plant
☐ 작물 ☐ 식물

She stopped making plants grow.

➡

그녀는 식물을 자라게 하는 것을 그만뒀다. (stop의 과거는 stopped)

quiet
☐ 시끄러운 ☐ 조용한

The world turned cold and quiet—winter came.

➡

세상은 차갑고 조용해졌고 겨울이 왔다. (come의 과거는 came)

deal

Zeus made a deal.

제우스는 거래를 했다.

part

Persephone would stay with Hades for part of the year.

페르세포네는 1년 중 일부 동안 하데스와 함께 머물기로 했다.

summer

They danced through spring and summer.

그들은 봄과 여름 내내 춤을 췄다.

below

But each year, Persephone had to return below.

그러나 매년 페르세포네는 아래로 돌아가야 했다.

grow

Demeter grew sad again, and autumn arrived.

데메테르는 다시 슬퍼지게 되었고, 가을이 찾아왔다. (grow의 과거는 grew)

The Mother's Tears and the Seasons

문장을 연결하여 이야기를 다시 읽어요!

① The goddess Demeter made • • full of joy and light.

② Her daughter, Persephone, was • • the earth bloom with flowers and crops.

③ But one day, Hades, god of the underworld, • • She stopped making plants grow.

④ Demeter was heartbroken. • • took Persephone away!

⑤ The world turned cold and quiet • • —winter came.

① 데메테르 여신은 땅에 꽃과 작물을 피어나게 했다. ② 그녀의 딸 페르세포네는 기쁨과 빛으로 가득 차 있었다.
③ 그러던 어느 날, 지하 세계의 신 하데스가 페르세포네를 빼앗아 갔다! ④ 데메테르는 마음이 찢어졌다. 그녀는
식물을 자라게 하는 것을 그만뒀다. ⑤ 세상은 차갑고 조용해졌고 겨울이 왔다.

⑥ Zeus made a deal: • • Persephone would stay with Hades for part of the year.

⑦ When Persephone returned, • • had to return below.

⑧ They danced • • through spring and summer.

⑨ But each year, Persephone • • Demeter smiled.

⑩ Demeter grew sad again, • • and autumn arrived.

⑥ 제우스는 거래를 했다. 페르세포네는 1년 중 일부 동안 하데스와 함께 머물기로 했다. ⑦ 페르세포네가 돌아왔을 때
데메테르는 미소 지었다. ⑧ 그들은 봄과 여름 내내 춤을 췄다. ⑨ 그러나 매년 페르세포네는 아래로 돌아가야 했다.
⑩ 데메테르는 다시 슬퍼지게 되었고, 가을이 찾아왔다.

The Mother's Tears and the Seasons

이야기를 직접 써 보아요!

①

②

③

④

⑤

⑥

⑦

⑧

⑨

⑩

Bacchus and the Dizzy Dance

Bacchus wore a crown of ivy leaves and held a cup of wine.

He loved music, laughter, and parties under the stars.

People forgot their worries in wild, dizzy dances.

One day, a grumpy king saw Bacchus' happy crowd.

He shouted, "Stop this madness!"

But Bacchus just laughed and spun faster.

He waved his hand and the king started dancing too!

Everyone cheered and the king twirled, jumped, and dropped his crown.

Finally, he laughed and joined the fun.

Bacchus smiled and said, "A little joy can change everything."

Bacchus and the Dizzy Dance

단어들을 읽고, 주어진 문장을 써 보아요!

crown

☑ 왕관　☐ 물컵

Bacchus wore a crown of ivy leaves and held a cup of wine.

바쿠스는 담쟁이 잎으로 만든 왕관을 쓰고 포도주 잔을 들었다. (wear의 과거는 wore)

laughter

☐ 눈물　☐ 웃음

He loved music, laughter, and parties under the stars.

그는 음악, 웃음, 별빛 아래 파티를 좋아했다.

dizzy

☐ 행복한　☐ 어지러운

People forgot their worries in wild, dizzy dances.

사람들은 격렬하고 어지러운 춤을 추며 걱정을 잊었다. (forget의 과거는 forgot)

grumpy

☐ 친절한　☐ 심술궂은

One day, a grumpy king saw Bacchus' happy crowd.

어느 날, 심술궂은 왕이 바쿠스의 행복한 군중을 보았다.

madness

☐ 기쁨　☐ 미친 짓

He shouted, "Stop this madness!"

그는 "이 미친 짓을 멈춰라!"라고 소리쳤다.

spin

But Bacchus just laughed and spun faster.

하지만 바쿠스는 그저 웃으며 더 빠르게 회전할 뿐이었다. (spin의 과거는 spun)

wave

He waved his hand and the king started dancing too!

그가 손을 흔들자 왕도 춤을 추기 시작했다!

twirl

The king twirled, jumped, and dropped his crown.

왕은 빙글빙글 돌고, 뛰며, 왕관을 떨어뜨렸다. (drop의 과거는 dropped)

join

Finally, he laughed and joined the fun.

마침내 그는 웃으며 즐거움에 함께했다.

change

A little joy can change everything.

작은 기쁨이 모든 것을 바꿀 수 있다.

Bacchus and the Dizzy Dance

문장을 연결하여 이야기를 다시 읽어요!

① Bacchus wore a crown of ivy leaves ·　　　　· Bacchus' happy crowd.

　　　　　　　　　　　　　　　　　· and held a cup of wine.

② He loved ·

③ People forgot ·　　　　· their worries in wild, dizzy dances.

④ One day, a grumpy king saw ·　　　　· music, laughter, and parties under the stars.

⑤ He shouted, ·　　　　· "Stop this madness!"

① 바쿠스는 담쟁이 잎으로 만든 왕관을 쓰고 포도주 잔을 들었다. ② 그는 음악, 웃음, 별빛 아래 파티를 좋아했다.
③ 사람들은 격렬하고 어지러운 춤을 추며 걱정을 잊었다. ④ 어느 날, 심술궂은 왕이 바쿠스의 행복한 군중을 보았다.
⑤ 그는 "이 미친 짓을 멈춰라!"라고 소리쳤다.

⑥ But Bacchus just laughed ·　　　　· "A little joy can change everything."

⑦ He waved his hand ·　　　　· and spun faster.

⑧ Everyone cheered ·　　　　· and joined the fun.

⑨ Finally, he laughed ·　　　　· and the king started dancing too!

⑩ Bacchus smiled and said, ·　　　　· and the king twirled, jumped, and dropped his crown.

⑥ 하지만 바쿠스는 그저 웃으며 더 빠르게 회전할 뿐이었다. ⑦ 그가 손을 흔들자 왕도 춤을 추기 시작했다!
⑧ 모두가 환호했고, 왕은 빙글빙글 돌고, 뛰며, 왕관을 떨어뜨렸다. ⑨ 마침내 그는 웃으며 즐거움에 함께했다.
⑩ 바쿠스는 "작은 기쁨이 모든 것을 바꿀 수 있다."라고 웃으며 말했다.

Bacchus and the Dizzy Dance

이야기를 직접 써 보아요!

① ________________________

② ________________________

③ ________________________

④ ________________________

⑤ ________________________

⑥ ________________________

⑦ ________________________

⑧ ________________________

⑨ ________________________

⑩ ________________________

Argus and the Peacock

The god Zeus fell in love with a beautiful girl named Io.

But he didn't want his wife, Hera, to find out.

To hide Io, he changed her into a cow.

Hera still felt something was strange.

So she told Argus, a giant with 100 eyes, to watch the cow carefully.

Zeus wanted to save Io, so he sent the god Hermes.

Hermes played sweet music and told sleepy stories.

When Argus fell asleep, Hermes quickly killed him.

Hera was sad her watchman was gone.

And she placed all his eyes on the tail of her favorite bird, the peacock.

Argus and the Peacock

단어들을 읽고, 주어진 문장을 써 보아요!

fall in love

☑ 사랑에 빠지다　☐ 미워하다

The god Zeus fell in love with a beautiful girl named Io.

제우스 신은 아름다운 소녀 이오를 사랑하게 되었다. (fall의 과거는 fell)

find out

☐ 보게 되다　☐ 알아채다

But he didn't want his wife, Hera, to find out.

하지만 그는 그의 아내인 헤라가 알아채기를 원하지 않았다.

hide

☐ 숨기다　☐ 보여 주다

To hide Io, he changed her into a cow.

이오를 숨기기 위해 그는 그녀를 소로 변하게 했다.

strange

☐ 이상한　☐ 화려한

Hera still felt something was strange.

헤라는 여전히 이상하다고 느꼈다. (feel의 과거는 felt)

hundred

☐ 백, 100　☐ 천, 1000

So she told Argus, a giant with 100 eyes, to watch the cow carefully.

그래서 눈이 100개 달린 거인 아르고스에게 그 소를 잘 지켜보라고 했다.

114

save

Zeus wanted to save Io, so he sent the god Hermes.

제우스는 이오를 구하고 싶어서 헤르메스 신을 보냈다. (send의 과거는 sent)

sleepy

Hermes played sweet music and told sleepy stories.

헤르메스는 감미로운 음악을 연주하고 졸린 이야기를 들려주었다.

asleep

When Argus fell asleep, Hermes quickly killed him.

아르고스가 잠에 들자, 헤르메스는 그를 재빨리 죽였다.

watchman

Hera was sad her watchman was gone.

헤라는 그녀의 파수꾼이 사라져서 슬펐다.

tail

She placed all his eyes on the tail of her favorite bird, the peacock.

그녀는 그녀의 가장 좋아하는 새인 공작의 꼬리에 그의 모든 눈들을 뒀다.

2 문장 연결하기

문장을 연결하여 이야기를 다시 읽어요!

---

① The god Zeus fell in love •   • he changed her into a cow.

② But he didn't want •   • with a beautiful girl named Io.

③ To hide Io, •   • to watch the cow carefully.

④ Hera still felt •   • his wife, Hera, to find out.

⑤ So she told Argus, a giant with 100 eyes, •   • something was strange.

① 제우스 신은 아름다운 소녀 이오를 사랑하게 되었다. ② 하지만 그는 그의 아내인 헤라가 알아채기를 원하지 않았다.
③ 이오를 숨기기 위해 그는 그녀를 소로 변하게 했다. ④ 헤라는 여전히 이상하다고 느꼈다. ⑤ 그래서 눈이 100개
달린 거인 아르고스에게 그 소를 잘 지켜보라고 했다.

---

⑥ Zeus wanted to save Io, •   • told sleepy stories.

⑦ Hermes played sweet music and •   • so he sent the god Hermes.

⑧ When Argus fell asleep, •   • Hermes quickly killed him.

⑨ Hera was sad •   • all his eyes on the tail of her favorite bird, the peacock.

⑩ And she placed •   • her watchman was gone.

⑥ 제우스는 이오를 구하고 싶어서 헤르메스 신을 보냈다. ⑦ 헤르메스는 달콤한 음악을 연주하고 졸린 이야기를
들려주었다. ⑧ 아르고스가 잠에 들자, 헤르메스는 그를 재빨리 죽였다. ⑨ 헤라는 그녀의 파수꾼이 사라져서 슬펐다.
⑩ 그리고 그녀는 그녀의 가장 좋아하는 새인 공작의 꼬리에 그의 모든 눈들을 뒀다.

Argus and the Peacock

이야기를 직접 써 보아요!

①

②

③

④

⑤

⑥

⑦

⑧

⑨

⑩

Daphne and the Laurel Tree

The beautiful nymph Daphne loved to run and play in the forest.

She never wanted to get married.

One day, the sun god Apollo saw her and fell in love at first sight.

He chased after her every day.

But Daphne didn't want love. She wanted freedom.

She called her father, Peneus the river god, for help.

At once, her feet rooted to the ground, and her arms turned into branches.

She became a graceful laurel tree!

Heartbroken, Apollo honored her forever.

From that day on, the laurel tree became a symbol of victory and honor.

Daphne and the Laurel Tree

단어들을 읽고, 주어진 문장을 써 보아요!

forest

☑ 숲　☐ 나무

The beautiful nymph Daphne loved to run and play in the forest.

➡

아름다운 요정 다프네는 숲에서 달리고 노는 것을 사랑했다.

get married

☐ 결혼하다　☐ 이혼하다

She never wanted to get married.

➡

그녀는 결코 결혼하고 싶지 않았다.

at first sight

☐ 천천히　☐ 첫눈에

One day, the sun god Apollo saw her and fell in love at first sight.

➡

어느 날, 태양신 아폴론이 그녀를 보고 첫눈에 사랑에 빠졌다.

chase

☐ 같이 다니다　☐ 쫓아다니다

He chased after her every day.

➡

그는 매일 그녀를 쫓아다녔다.

freedom

☐ 사랑　☐ 자유

She wanted freedom.

➡

그녀는 자유를 원했다.

call for help

□ 포기하다   □ 도움을 구하다

She called her father, Peneus the river god, for help.

그녀는 강의 신인 아버지 페네우스에게 도움을 구했다.

root

□ 뿌리 뽑히다   □ 뿌리 내리다

At once, her feet rooted to the ground.

즉시 그녀의 발은 땅에 뿌리 내렸다.

graceful

□ 우아한   □ 발랄한

She became a graceful laurel tree!

그녀는 우아한 월계수가 되었다! (become의 과거는 became)

honor

□ 존경하다   □ 결혼하다

Heartbroken, Apollo honored her forever.

상심한 아폴론은 영원히 그녀를 존경했다.

symbol

□ 이름   □ 상징

The laurel tree became a symbol of victory and honor.

월계수는 승리와 명예의 상징이 되었다.

Daphne and the Laurel Tree

문장을 연결하여 이야기를 다시 읽어요!

① The beautiful nymph Daphne loved • • to get married.

② She never wanted • • to run and play in the forest.

③ One day, the sun god Apollo saw her • • and fell in love at first sight.

④ He chased • • She wanted freedom.

⑤ But Daphne didn't want love. • • after her every day.

① 아름다운 요정 다프네는 숲에서 달리고 노는 것을 사랑했다. ② 그녀는 결코 결혼하고 싶지 않았다. ③ 어느 날, 태양신 아폴론이 그녀를 보고 첫눈에 사랑에 빠졌다. ④ 그는 매일 그녀를 쫓아다녔다. ⑤ 하지만 다프네는 사랑을 원하지 않았다. 그녀는 자유를 원했다.

⑥ She called her father, • • and her arms turned into branches.

⑦ At once, her feet rooted to the ground, • • a graceful laurel tree!

⑧ She became • • a symbol of victory and honor.

⑨ Heartbroken, • • Apollo honored her forever.

⑩ From that day on, the laurel tree became • • Peneus the river god, for help.

⑥ 그녀는 강의 신인 아버지 페네우스에게 도움을 구했다. ⑦ 즉시 그녀의 발은 땅에 뿌리 내렸고, 그녀의 팔은 나뭇가지로 변했다. ⑧ 그녀는 우아한 월계수가 되었다. ⑨ 상심한 아폴론은 영원히 그녀를 존경했다. ⑩ 그날부터 월계수는 승리와 명예의 상징이 되었다.

Daphne and the Laurel Tree

이야기를 직접 써 보아요!

①
②
③
④
⑤
⑥
⑦
⑧
⑨
⑩

Orpheus and Eurydice

Orpheus was a talented musician and poet.

When he played the lyre, even the trees and animals stopped to listen.

He loved Eurydice, his precious wife.

But one day, a snake bit her, and she died.

Orpheus was heartbroken and went to the underworld to bring her back.

"의심이 불러온 비극!"

마음속에서 자라난 의심 때문에
소중한 사람을 잃는 건 안타까운 일이에요.

His music was so beautiful that even Hades, the god of the dead, was touched.

Hades said, "You may take her, but don't look back until you reach the sunlight."

Orpheus walked ahead, but doubt filled his heart.

'Is she really behind me?'

Then he turned and Eurydice disappeared forever.

Orpheus and Eurydice

단어들을 읽고, 주어진 문장을 써 보아요!

poet

☑ 시인　☐ 소설가

Orpheus was a talented musician and poet.

오르페우스는 재능 있는 음악가이자 시인이었다.

lyre

☐ 리라　☐ 피아노

When he played the lyre, even the trees and animals stopped to listen.

그가 리라를 연주하면 나무와 동물 들도 멈춰 서서 귀를 기울였다.

precious

☐ 작은　☐ 소중한

He loved Eurydice, his precious wife.

그는 그의 소중한 아내인 에우리디케를 사랑했다.

bite

☐ 물다　☐ 죽다

But one day, a snake bit her, and she died.

그런데 어느 날 뱀에게 물려 그녀는 죽었다. (bite의 과거형은 bit)

bring back

☐ 다시 돌아가다　☐ 다시 데려오다

Orpheus went to the underworld to bring her back.

오르페우스는 그녀를 다시 데려오기 위해 지하 세계로 내려갔다. (go의 과거는 went)

be touched

□ 만지다　□ 감동하다

His music was so beautiful that even Hades was touched.

그의 음악은 하데스마저도 감동할 정도로 아름다웠다.

sunlight

□ 태양　□ 햇빛

Don't look back until you reach the sunlight.

햇빛이 닿을 때까지 뒤돌아보지 마라.

doubt

□ 결심　□ 의심

Orpheus walked ahead, but doubt filled his heart.

오르페우스는 앞서 걸었지만 그의 마음에는 의심이 가득했다.

behind

□ ~앞에　□ ~뒤에

Is she really behind me?

그녀가 정말 내 뒤에 있나?

forever

□ 잠깐　□ 영원히

Then, he turned and Eurydice disappeared forever.

그러자 그는 돌아섰고 에우리디케는 영원히 사라졌다.

Orpheus and Eurydice

문장을 연결하여 이야기를 다시 읽어요!

① Orpheus was • • Eurydice, his precious wife.

② When he played the lyre, • • a talented musician and poet.

③ He loved • • and went to the underworld to bring her back.

④ But one day, a snake bit her, • • and she died.

⑤ Orpheus was heartbroken • • even the trees and animals stopped to listen.

① 오르페우스는 재능 있는 음악가이자 시인이었다. ② 그가 리라를 연주하면 나무와 동물 들도 멈춰 서서 귀를 기울였다. ③ 그는 그의 소중한 아내인 에우리디케를 사랑했다. ④ 그런데 어느 날, 뱀에게 물려 그녀는 죽었다. ⑤ 오르페우스는 상심하고 그녀를 다시 데려오기 위해 지하 세계로 내려갔다.

⑥ His music was so beautiful • • and Eurydice disappeared forever.

⑦ Hades said, • • but doubt filled his heart.

⑧ Orpheus walked ahead, • • "You may take her, but don't look back until you reach the sunlight."

⑨ 'Is she • • that even Hades, the god of the dead, was touched.

⑩ Then he turned • • really behind me?'

⑥ 그의 음악은 죽음의 신 하데스마저도 감동할 정도로 아름다웠다. ⑦ 하데스는 "그녀를 데려가도 좋지만 햇빛이 닿을 때까지 뒤돌아보지 마라."라고 말했다. ⑧ 오르페우스는 앞서 걸었지만 그의 마음에는 의심이 가득했다. ⑨ '그녀가 정말 내 뒤에 있나?' ⑩ 그러자 그는 돌아섰고 에우리디케는 영원히 사라졌다.

①

②

③

④

⑤

⑥

⑦

⑧

⑨

⑩

2 문장 연결하기
Narcissus, in Love of Himself
문장을 연결하여 이야기를 다시 읽어요!

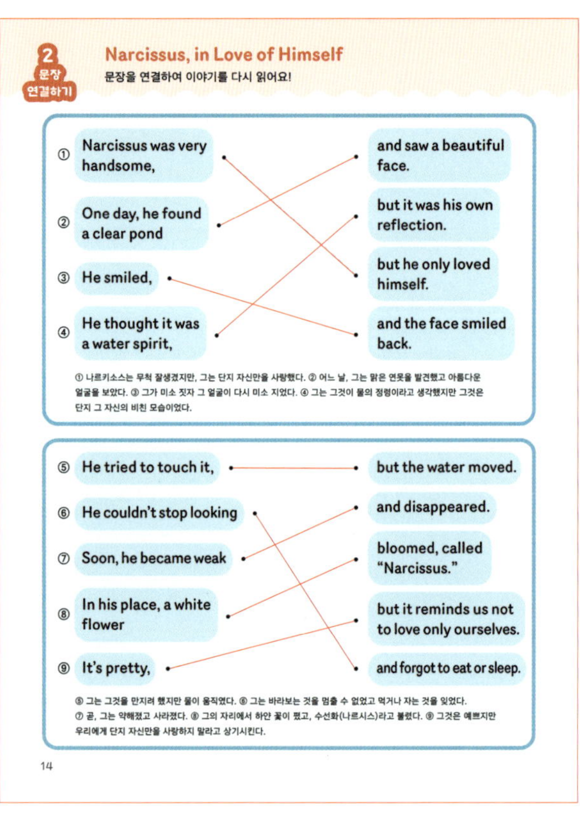

① 나르키소스는 무척 잘생겼지만, 그는 단지 자신만을 사랑했다. ② 어느 날, 그는 맑은 연못을 발견했고 아름다운 얼굴을 보았다. ③ 그가 미소 짓자 그 얼굴이 다시 미소 지었다. ④ 그는 그것이 물의 정령이라고 생각했지만 그것은 단지 그 자신의 비친 모습이었다.

⑤ 그는 그것을 만지려 했지만 물이 움직였다. ⑥ 그는 바라보는 것을 멈출 수 없었고 먹거나 자는 것을 잊었다. ⑦ 곧, 그는 약해졌고 사라졌다. ⑧ 그의 자리에서 하얀 꽃이 폈고, 수선화(나르시스)라고 불렸다. ⑨ 그것은 예쁘지만 우리에게 단지 자신만을 사랑하지 말라고 상기시킨다.

14

2 문장 연결하기
Icarus: Too Close to the Sun
문장을 연결하여 이야기를 다시 읽어요!

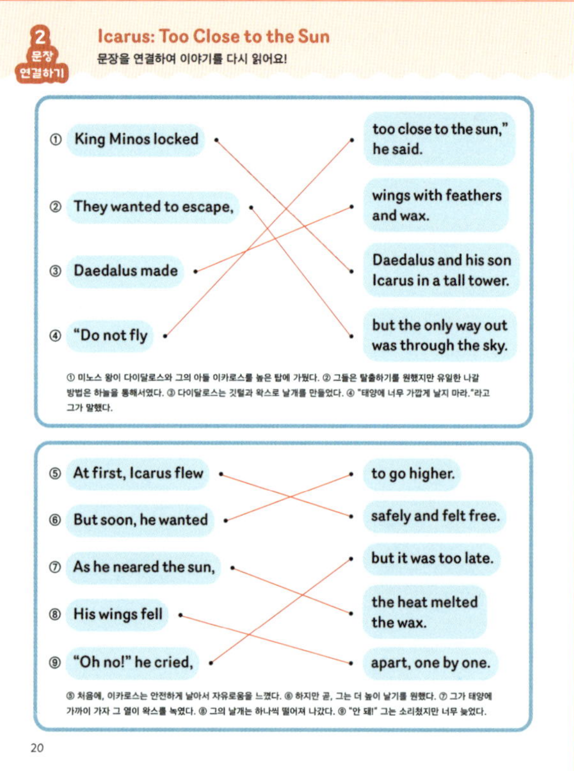

① 미노스 왕이 다이달로스와 그의 아들 이카로스를 높은 탑에 가뒀다. ② 그들은 탈출하기를 원했지만 유일한 나갈 방법은 하늘을 통해서였다. ③ 다이달로스는 깃털과 왁스로 날개를 만들었다. ④ "태양에 너무 가깝게 날지 마라."라고 그가 말했다.

⑤ 처음에, 이카로스는 안전하게 날아서 자유로움을 느꼈다. ⑥ 하지만 곧, 그는 더 높이 날기를 원했다. ⑦ 그가 태양에 가까이 가자 그 열이 왁스를 녹였다. ⑧ 그의 날개는 하나씩 떨어져 나갔다. ⑨ "안 돼!" 그는 소리쳤지만 너무 늦었다.

20

2 문장 연결하기
Prometheus: The Hero with Fire
문장을 연결하여 이야기를 다시 읽어요!

① 오래전에 사람들은 추위와 어둠 속에 살았다. ② 친절한 타이탄족, 프로메테우스는 그들을 안타깝게 느꼈다. ③ 불은 오로지 신들에게만 속했다. ④ 그는 올림피스산에 올라 태양에게서 불꽃을 훔쳤다. ⑤ 그런 다음에 그는 사람들에게 그것을 내려 줬다.

⑥ 불을 가지고 그들은 음식을 요리하고, 따뜻하게 머무르며, 도구를 만들었다. ⑦ 하지만 제우스는 매우 화를 내며 말했다. "프로메테우스가 규칙을 깼다!" ⑧ 그는 프로메테우스를 바위에 묶었다. ⑨ 처벌로 독수리가 그를 매일 쪼아 먹었다. ⑩ 하지만 프로메테우스는 사람들을 도운 걸 후회하지 않았다.

26

2 문장 연결하기
Oedipus and the Sphinx's Riddle
문장을 연결하여 이야기를 다시 읽어요!

① 스핑크스는 테베라는 도시를 막았다. ② 그녀는 사자의 몸과 독수리의 날개, 여자의 얼굴을 갖고 있었다. ③ 그녀는 모두에게 수수께끼를 물었다. ④ 만약 그들이 답하지 못하면 그녀는 그들을 지나가지 못하게 할 것이다.

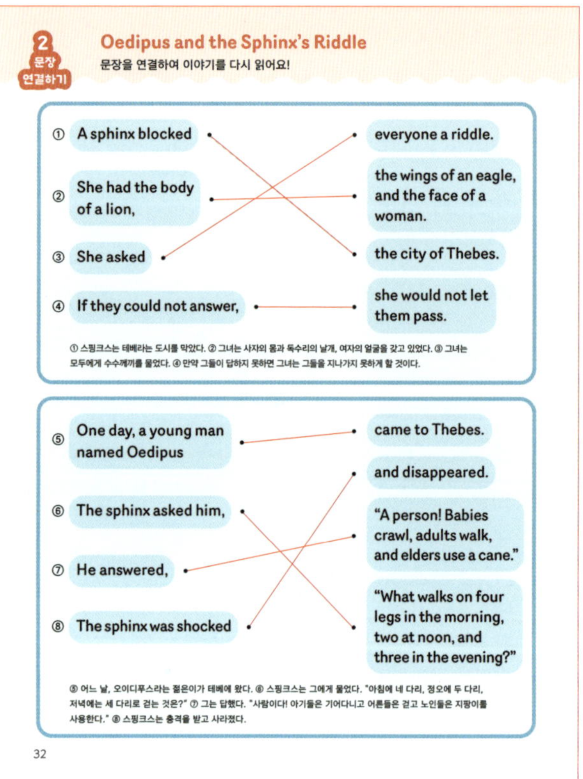

⑤ 어느 날, 오이디푸스라는 젊은이가 테베에 왔다. ⑥ 스핑크스는 그에게 물었다. "아침에 네 다리, 정오에 두 다리, 저녁에는 세 다리로 걷는 것은?" ⑦ 그는 답했다. "사람이다! 아기들은 기어다니고 어른들은 걷고 노인들은 지팡이를 사용한다." ⑧ 스핑크스는 충격을 받고 사라졌다.

32

130

The Weakness of Achilles
문장을 연결하여 이야기를 다시 읽어요!

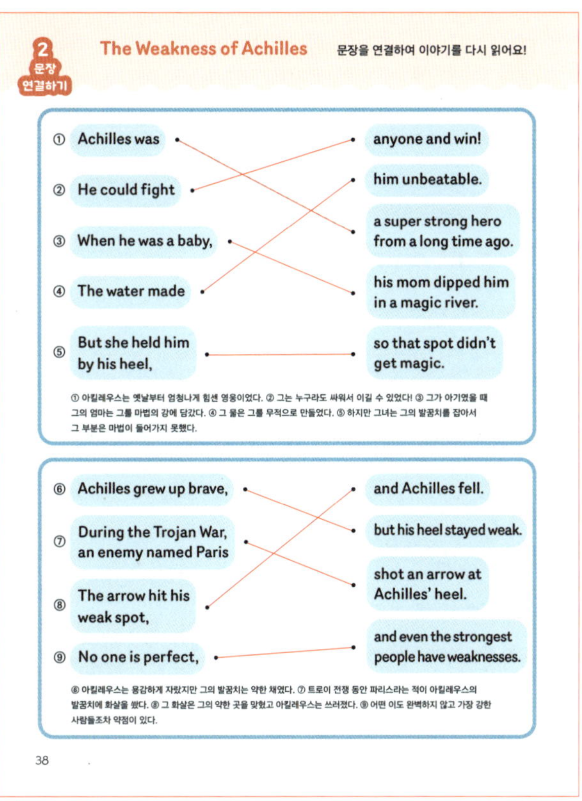

① 아킬레우스는 옛날부터 엄청나게 힘센 영웅이었다. ② 그는 누구라도 싸워서 이길 수 있었다! ③ 그가 아기였을 때 그의 엄마는 그를 마법의 강에 담갔다. ④ 그 물은 그를 무적으로 만들었다. ⑤ 하지만 그녀는 그의 발꿈치를 잡아서 그 부분은 마법이 들어가지 못했다.

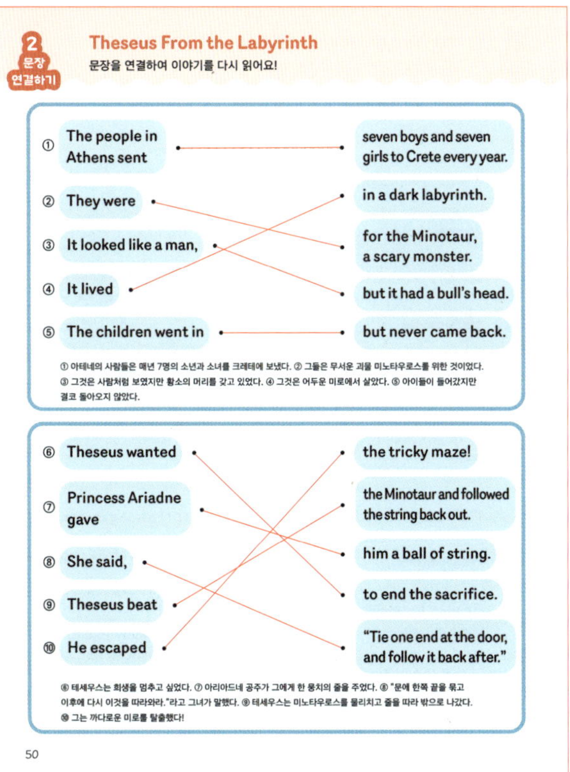

⑥ 아킬레우스는 용감하게 자랐지만 그의 발꿈치는 약한 채였다. ⑦ 트로이 전쟁 동안 파리스라는 적이 아킬레우스의 발꿈치에 화살을 쐈다. ⑧ 그 화살은 그의 약한 곳을 맞혔고 아킬레우스는 쓰러졌다. ⑨ 어떤 이도 완벽하지 않고 가장 강한 사람들조차 약점이 있다.

38

Clytie, the Water Nymph
문장을 연결하여 이야기를 다시 읽어요!

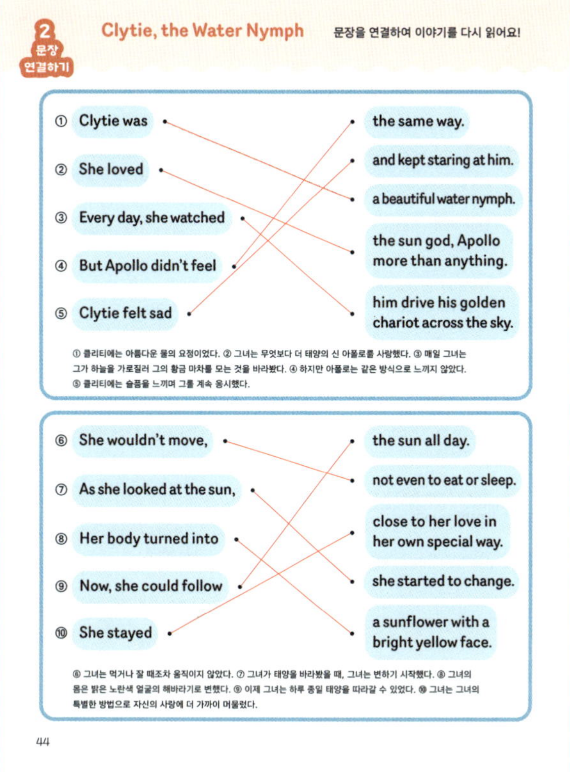

① 클리티에는 아름다운 물의 요정이었다. ② 그녀는 무엇보다 더 태양의 신 아폴로를 사랑했다. ③ 매일 그녀는 그가 하늘을 가로질러 그의 황금 마차를 모는 것을 바라봤다. ④ 하지만 아폴로는 같은 방식으로 느끼지 않았다. ⑤ 클리티에는 슬픔을 느끼며 그를 계속 응시했다.

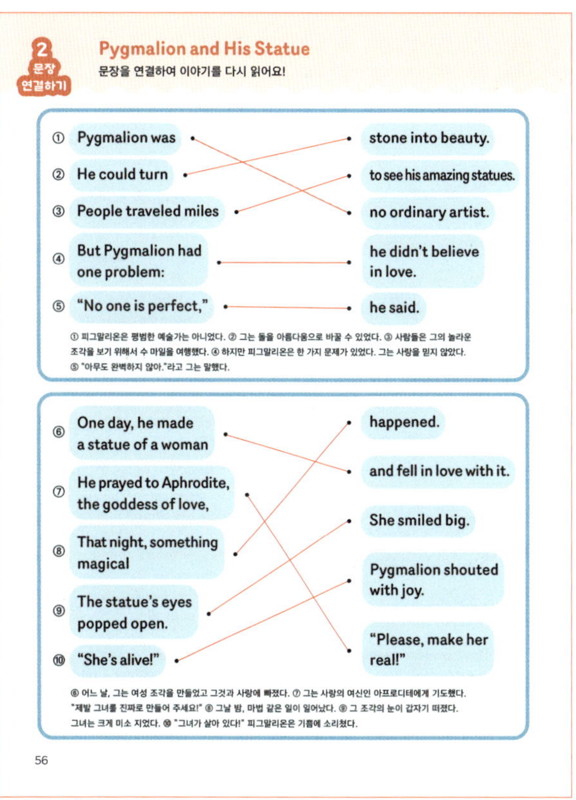

⑥ 그녀는 먹거나 잘 때조차 움직이지 않았다. ⑦ 그녀가 태양을 바라볼 때, 그녀는 변하기 시작했다. ⑧ 그녀의 몸은 밝은 노란색 얼굴의 해바라기로 변했다. ⑨ 이제 그녀는 하루 종일 태양을 따라갈 수 있었다. ⑩ 그녀는 그녀의 특별한 방법으로 자신의 사랑에 더 가까이 머물렀다.

44

Theseus From the Labyrinth
문장을 연결하여 이야기를 다시 읽어요!

① 아테네의 사람들은 매년 7명의 소년과 소녀를 크레테에 보냈다. ② 그들은 무서운 괴물 미노타우로스를 위한 것이었다. ③ 그것은 사람처럼 보였지만 황소의 머리를 갖고 있었다. ④ 그것은 어두운 미로에서 살았다. ⑤ 아이들이 들어갔지만 결코 돌아오지 않았다.

⑥ 테세우스는 희생을 멈추고 싶었다. ⑦ 아리아드네 공주가 그에게 한 뭉치의 줄을 주었다. ⑧ "문에 한쪽 끝을 묶고 이후에 다시 이것을 따라와."라고 그녀가 말했다. ⑨ 테세우스는 미노타우로스를 물리치고 줄을 따라 밖으로 나갔다. ⑩ 그는 까다로운 미로를 탈출했다!

50

Pygmalion and His Statue
문장을 연결하여 이야기를 다시 읽어요!

① 피그말리온은 평범한 예술가는 아니었다. ② 그는 돌을 아름다움으로 바꿀 수 있었다. ③ 사람들은 그의 놀라운 조각을 보기 위해서 수 마일을 여행했다. ④ 하지만 피그말리온은 한 가지 문제가 있었다. 그는 사랑을 믿지 않았다. ⑤ "아무도 완벽하지 않아."라고 그는 말했다.

⑥ 어느 날, 그는 여성 조각을 만들었고 그것과 사랑에 빠졌다. ⑦ 그는 사랑의 여신인 아프로디테에게 기도했다. "제발 그녀를 진짜로 만들어 주세요!" ⑧ 그날 밤, 마법 같은 일이 일어났다. ⑨ 그 조각의 눈이 갑자기 떠졌다. 그녀는 크게 미소 지었다. ⑩ "그녀가 살아 있다!" 피그말리온은 기쁨에 소리쳤다.

56

131

Sisyphus' Punishment
문장을 연결하여 이야기를 다시 읽어요!

① Sisyphus was a clever king,
② He tricked the gods
③ One of his worst tricks was
④ He tied up the god of death in chains,

- and made them angry.
- to trap Death itself!
- and no one could die.
- but he was also very naughty.

① 시시포스는 현명한 왕이었지만 그는 또한 무척 장난스러웠다. ② 그는 신들에게 장난을 쳐고 그들을 화나게 만들었다. ③ 그의 가장 나쁜 장난 중에 하나는 죽음 그 자체를 가두는 것이었다! ④ 그는 죽음의 신을 사슬로 묶어서 누구도 죽지 못하게 했다.

⑤ When the gods found out,
⑥ They gave him a terrible job:
⑦ Every time he reached the top,
⑧ His punishment never ended,

- it rolled back down.
- they were furious.
- just like the gods planned.
- He had to roll a huge boulder up a steep hill — forever.

⑤ 신들은 이 사실을 알았을 때 그들은 분노했다. ⑥ 그들은 그에게 끔찍한 일을 주었다. 그는 가파른 언덕 위로 거대한 바위를 영원히 굴려야 했다. ⑦ 그가 꼭대기에 도달할 때마다, 그것은 다시 아래로 굴러떨어졌다. ⑧ 신들이 계획했던 대로, 그의 형벌은 결코 끝나지 않았다.

62

Europa and the Magic Bull
문장을 연결하여 이야기를 다시 읽어요!

① A beautiful princess Europa saw
② Its horns sparkled,
③ The bull was actually
④ Curious and fearless,

- the god Zeus in disguise.
- and its eyes were gentle.
- a gentle white bull on the beach.
- she climbed onto the bull's back.

① 아름다운 공주 유로파는 해변에서 온순한 흰 황소를 보았다. ② 뿔은 반짝이고 눈은 온화했다. ③ 황소는 실제로 변장한 제우스 신이었다. ④ 호기심이 많고 두려움이 없는 그녀는 황소의 등에 올라탔다.

⑤ Suddenly, it ran into the sea
⑥ The bull carried
⑦ There, Zeus told her the truth
⑧ They called
⑨ Her name still lives

- her far away to a new land.
- and gave her a kingdom.
- and flew across the waves!
- it Europe after Europa herself.
- on today, in the name of the whole continent.

⑤ 갑자기 그것은 바다로 달려가 파도를 가로질러 날아간다! ⑥ 황소는 그녀를 멀리 새로운 땅으로 데려갔다. ⑦ 그곳에서 제우스는 그녀에게 진실을 말하고 그녀에게 왕국을 주었다. ⑧ 그들은 그곳을 유로파라는 그녀 자신의 이름을 따서 유럽이라고 불렀다. ⑨ 그녀의 이름은 오늘날에도 대륙 전체의 이름으로 남아 있다.

68

Arachne and the Spider
문장을 연결하여 이야기를 다시 읽어요!

① Arachne was
② She bragged
③ Athena heard her
④ Both worked fast,
⑤ Arachne's tapestry was amazing,

- their hands flying like lightning.
- and challenged her to a contest.
- a talented weaver.
- but her weaving skills made the gods look silly.
- that she was better than the goddess Athena.

① 아라크네는 재능 있는 방직공이었다. ② 그녀는 자신이 아테나 여신보다 더 낫다고 자랑했다. ③ 아테나는 그녀의 말을 듣고 그녀에게 시합을 제의했다. ④ 둘 다 빠르게 작업했고, 그들의 손은 번개처럼 날아다녔다. ⑤ 아라크네의 태피스트리는 놀라웠지만 그녀의 베를 짜는 기술은 신들을 어리석어 보이게 만들었다.

⑥ When the contest ended,
⑦ She tore the tapestry
⑧ As punishment,
⑨ Now, spiders weave webs forever,

- and said, "You are too proud!"
- Athena was angry.
- just like Arachne once did.
- Athena turned Arachne into a spider.

⑥ 시합이 끝나자 아테나는 화를 냈다. ⑦ 그녀는 태피스트리를 찢으며 말했다. "너는 너무 거만하다!" ⑧ 처벌로 아테나는 아라크네를 거미로 변하게 만들었다. ⑨ 이제 거미는 한때 아라크네가 그랬던 것처럼 영원히 거미줄을 짠다.

74

Perseus and Medusa's Head
문장을 연결하여 이야기를 다시 읽어요!

① Perseus lived
② A greedy king wanted
③ To get rid of Perseus,
④ "Bring me
⑤ Medusa was
⑥ Just one look into her eyes could turn

- to marry her.
- with his kind mother, Danae.
- the head of Medusa!"
- the king gave him an impossible task.
- people into stone!
- a terrible monster with snakes for hair.

① 페르세우스는 친절한 어머니 다나에와 살았다. ② 탐욕스러운 왕이 그녀와 결혼하고 싶어 했다. ③ 페르세우스를 없애기 위해 왕은 그에게 불가능한 임무를 주었다. ④ "메두사의 머리를 나에게 가져와라!" ⑤ 메두사는 머리카락에 뱀이 달린 끔찍한 괴물이었다. ⑥ 그녀의 눈을 한 번만 봐도 사람들은 돌로 변할 수 있었다!

⑦ The gods gave
⑧ Perseus flew
⑨ He used the shield like a mirror
⑩ With one quick move,

- to Medusa's dark cave.
- and didn't look at her.
- he cut off her head!
- him a shiny shield, flying shoes, and a magic sword.

⑦ 신들은 그에게 빛나는 방패, 날아다니는 신발, 마법 검을 주었다. ⑧ 페르세우스는 메두사의 어두운 동굴로 날아갔다. ⑨ 그는 방패를 거울처럼 사용하여 그녀를 보지 않았다. ⑩ 한 번의 재빠른 움직임으로 그는 그녀의 머리를 잘랐다!

80

132

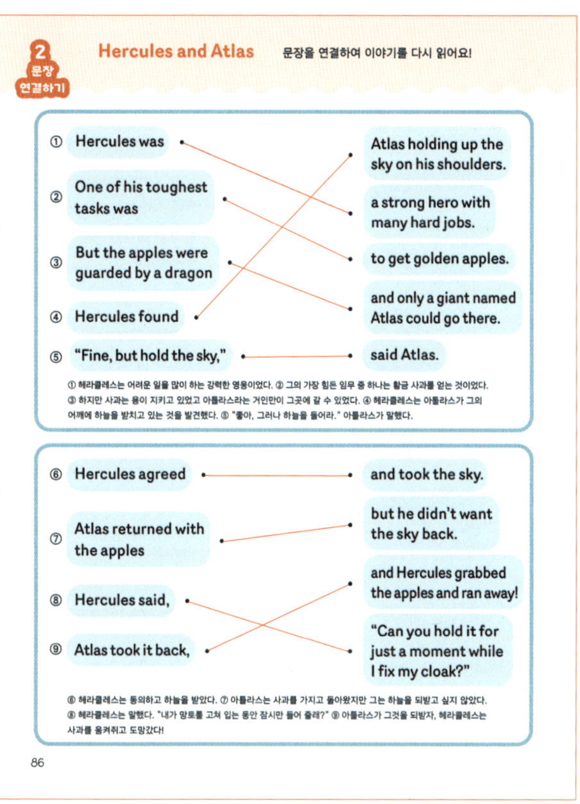
2 문장 연결하기
Hercules and Atlas
문장을 연결하여 이야기를 다시 읽어요!

① Hercules was
One of his toughest tasks was
③ But the apples were guarded by a dragon
④ Hercules found
⑤ "Fine, but hold the sky,"

Atlas holding up the sky on his shoulders.
a strong hero with many hard jobs.
to get golden apples.
and only a giant named Atlas could go there.
said Atlas.

① 헤라클레스는 어려운 일을 많이 하는 강력한 영웅이었다. ② 그의 가장 힘든 임무 중 하나는 황금 사과를 얻는 것이었다. ③ 하지만 사과는 용이 지키고 있었고 아틀라스라는 거인만이 그곳에 갈 수 있었다. ④ 헤라클레스는 아틀라스가 그의 어깨에 하늘을 받치고 있는 것을 발견했다. ⑤ "좋아, 그러나 하늘을 들어라." 아틀라스가 말했다.

⑥ Hercules agreed
⑦ Atlas returned with the apples
⑧ Hercules said,
⑨ Atlas took it back,

and took the sky.
but he didn't want the sky back.
and Hercules grabbed the apples and ran away!
"Can you hold it for just a moment while I fix my cloak?"

⑥ 헤라클레스는 동의하고 하늘을 받았다. ⑦ 아틀라스는 사과를 가지고 돌아왔지만 그는 하늘을 되받고 싶지 않았다. ⑧ 헤라클레스는 말했다. "내가 망토를 고쳐 입는 동안 잠시만 들어 줄래?" ⑨ 아틀라스가 그것을 되받자, 헤라클레스는 사과를 움켜쥐고 도망갔다!

86

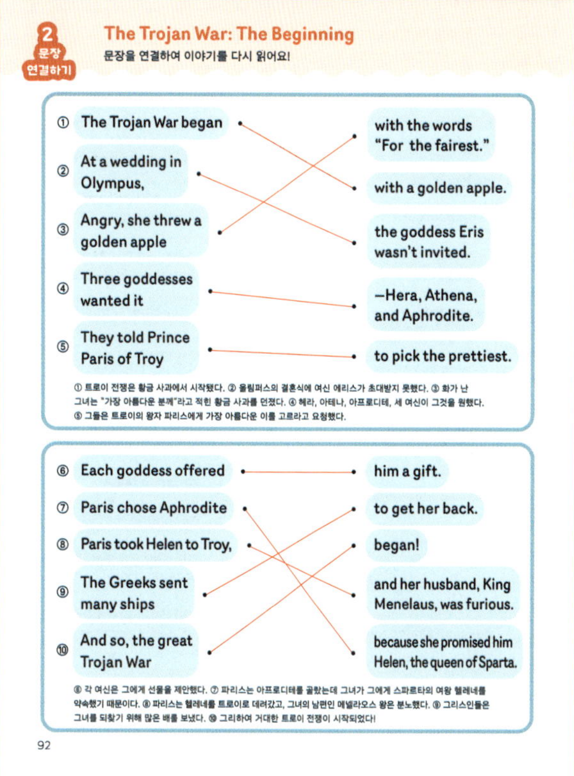
2 문장 연결하기
The Trojan War: The Beginning
문장을 연결하여 이야기를 다시 읽어요!

① The Trojan War began
At a wedding in Olympus,
③ Angry, she threw a golden apple
④ Three goddesses wanted it
⑤ They told Prince Paris of Troy

with the words "For the fairest."
with a golden apple.
the goddess Eris wasn't invited.
—Hera, Athena, and Aphrodite.
to pick the prettiest.

① 트로이 전쟁은 황금 사과로 시작됐다. ② 올림퍼스의 결혼식에 여신 에리스가 초대받지 못했다. ③ 화가 난 그녀는 "가장 아름다운 분께"라고 적힌 황금 사과를 던졌다. ④ 헤라, 아테나, 아프로디테, 세 여신이 그것을 원했다. ⑤ 그들은 트로이의 왕자 파리스에게 가장 아름다운 이를 고르라고 요청했다.

⑥ Each goddess offered
⑦ Paris chose Aphrodite
⑧ Paris took Helen to Troy,
⑨ The Greeks sent many ships
⑩ And so, the great Trojan War

him a gift.
to get her back.
began!
and her husband, King Menelaus, was furious.
because she promised him Helen, the queen of Sparta.

⑥ 각 여신은 그에게 선물을 제안했다. ⑦ 파리스는 아프로디테를 골랐는데 그녀가 그에게 스파르타의 여왕 헬레네를 약속했기 때문이다. ⑧ 파리스는 헬레네를 트로이로 데려갔고, 그녀의 남편인 메넬라오스 왕은 분노했다. ⑨ 그리스인들은 그녀를 되찾기 위해 많은 배를 보냈다. ⑩ 그리하여 거대한 트로이 전쟁이 시작되었다!

92

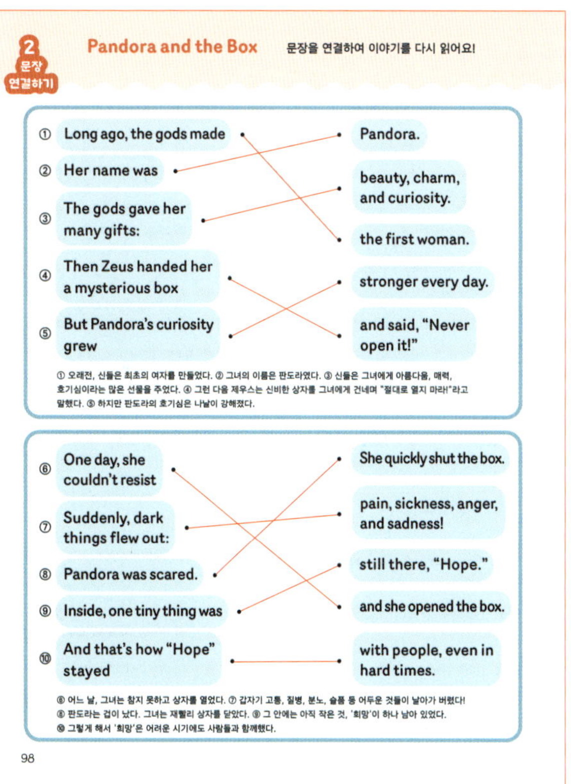
2 문장 연결하기
Pandora and the Box
문장을 연결하여 이야기를 다시 읽어요!

① Long ago, the gods made
② Her name was
③ The gods gave her many gifts:
④ Then Zeus handed her a mysterious box
⑤ But Pandora's curiosity grew

Pandora.
beauty, charm, and curiosity.
the first woman.
stronger every day.
and said, "Never open it!"

① 오래전, 신들은 최초의 여자를 만들었다. ② 그녀의 이름은 판도라였다. ③ 신들은 그녀에게 아름다움, 매력, 호기심이라는 많은 선물을 주었다. ④ 그런 다음 제우스는 신비한 상자를 그녀에게 건네며 "절대로 열지 마라"라고 말했다. ⑤ 하지만 판도라의 호기심은 나날이 강해졌다.

⑥ One day, she couldn't resist
⑦ Suddenly, dark things flew out:
⑧ Pandora was scared.
⑨ Inside, one tiny thing was
⑩ And that's how "Hope" stayed

She quickly shut the box.
pain, sickness, anger, and sadness!
still there, "Hope."
and she opened the box.
with people, even in hard times.

⑥ 어느 날, 그녀는 참지 못하고 상자를 열었다. ⑦ 갑자기 고통, 질병, 분노, 슬픔 등 어두운 것들이 날아가 버렸다! ⑧ 판도라는 겁이 났다. 그녀는 재빨리 상자를 닫았다. ⑨ 그 안에는 아직 작은 것, '희망'이 하나 남아 있었다. ⑩ 그렇게 해서 '희망'은 어려운 시기에도 사람들과 함께했다.

98

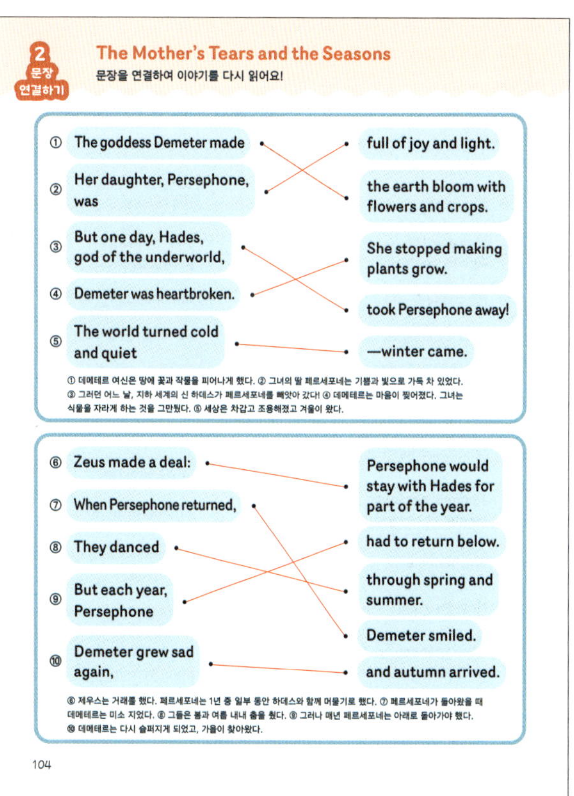
2 문장 연결하기
The Mother's Tears and the Seasons
문장을 연결하여 이야기를 다시 읽어요!

① The goddess Demeter made
Her daughter, Persephone, was
③ But one day, Hades, god of the underworld,
④ Demeter was heartbroken.
⑤ The world turned cold and quiet

full of joy and light.
the earth bloom with flowers and crops.
She stopped making plants grow.
took Persephone away!
—winter came.

① 데메테르 여신은 땅에 꽃과 작물을 피어나게 했다. ② 그녀의 딸 페르세포네는 기쁨과 빛으로 가득 차 있었다. ③ 그러던 어느 날, 지하 세계의 신 하데스가 페르세포네를 빼앗아 갔다! ④ 데메테르는 마음이 찢어졌다. 그녀는 식물을 자라게 하는 것을 그만뒀다. ⑤ 세상은 차갑고 조용해졌고 겨울이 왔다.

⑥ Zeus made a deal:
⑦ When Persephone returned,
⑧ They danced
⑨ But each year, Persephone
⑩ Demeter grew sad again,

Persephone would stay with Hades for part of the year.
had to return below.
through spring and summer.
Demeter smiled.
and autumn arrived.

⑥ 제우스는 거래를 했다. 페르세포네는 1년 중 일부 동안 하데스와 함께 머물기로 했다. ⑦ 페르세포네가 돌아왔을 때 데메테르는 다시 웃었다. ⑧ 그들은 봄과 여름 내내 춤을 췄다. ⑨ 그러나 매년 페르세포네는 아래로 돌아가야 했다. ⑩ 데메테르는 다시 슬퍼지게 되었고, 가을이 찾아왔다.

104

133

Bacchus and the Dizzy Dance

2 문장 연결하기 문장을 연결하여 이야기를 다시 읽어요!

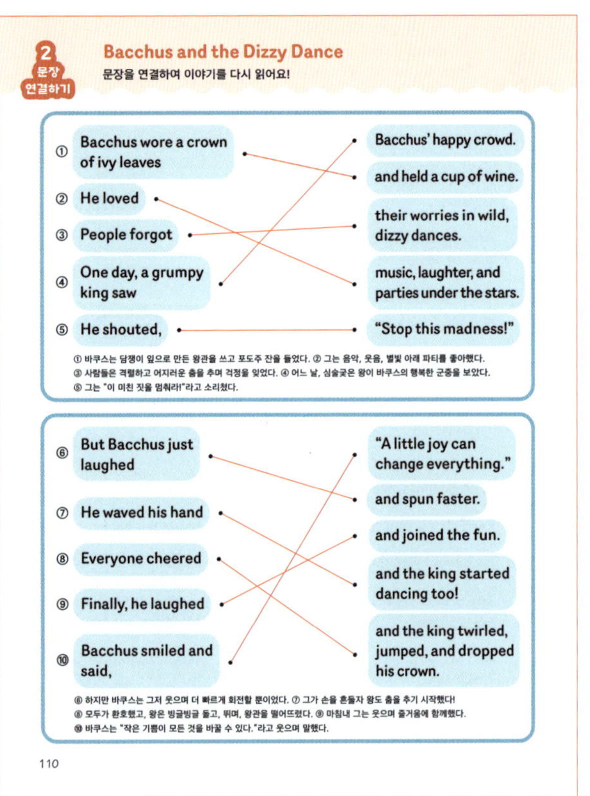

① 바쿠스는 담쟁이 잎으로 만든 왕관을 쓰고 포도주 잔을 들었다. ② 그는 음악, 웃음, 별빛 아래 파티를 좋아했다. ③ 사람들은 격렬하고 어지러운 춤을 추며 걱정을 잊었다. ④ 어느 날, 심술궂은 왕이 바쿠스의 행복한 군중을 보았다. ⑤ 그는 "이 미친 짓을 멈춰라"라고 소리쳤다.

⑥ 하지만 바쿠스는 그저 웃으며 더 빠르게 회전할 뿐이었다. ⑦ 그가 손을 흔들자 왕도 춤을 추기 시작했다! ⑧ 모두가 환호했고, 왕은 빙글빙글 돌고, 뛰며, 왕관을 떨어뜨렸다. ⑨ 마침내 그는 웃으며 즐거움에 함께했다. ⑩ 바쿠스는 "작은 기쁨이 모든 것을 바꿀 수 있다."라고 웃으며 말했다.

Argus and the Peacock

2 문장 연결하기 문장을 연결하여 이야기를 다시 읽어요!

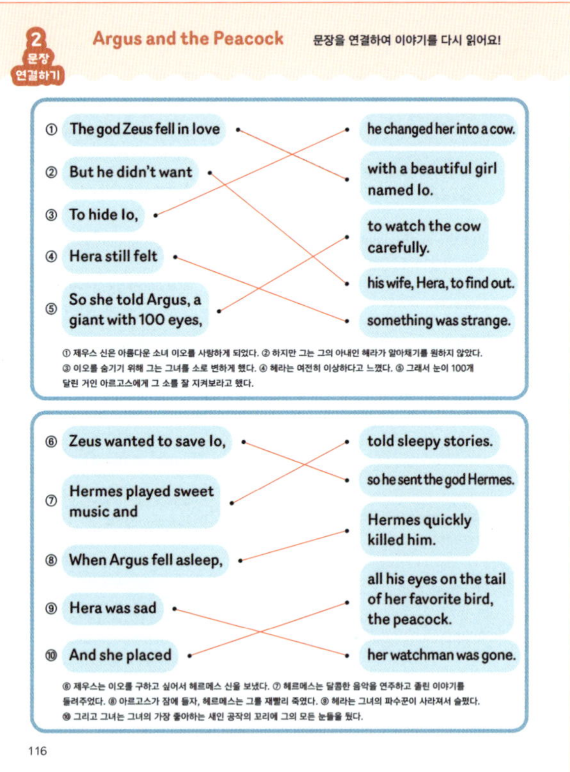

① 제우스 신은 아름다운 소녀 이오를 사랑하게 되었다. ② 하지만 그는 그의 아내인 헤라가 알아채기를 원하지 않았다. ③ 이오를 숨기기 위해 그는 그녀를 소로 변하게 했다. ④ 헤라는 여전히 이상하다고 느꼈다. ⑤ 그래서 눈이 100개 달린 거인 아르고스에게 그 소를 잘 지켜보라고 했다.

⑥ 제우스는 이오를 구하고 싶어서 헤르메스 신을 보냈다. ⑦ 헤르메스는 달콤한 음악을 연주하고 졸린 이야기를 들려주었다. ⑧ 아르고스가 잠에 들자, 헤르메스는 그를 재빨리 죽였다. ⑨ 헤라는 그녀의 파수꾼이 사라져서 슬펐다. ⑩ 그리고 그녀는 그녀의 가장 좋아하는 새인 공작의 꼬리에 그의 모든 눈들을 뒀다.

Daphne and the Laurel Tree

2 문장 연결하기 문장을 연결하여 이야기를 다시 읽어요!

① The beautiful nymph Daphne loved
② She never wanted
③ One day, the sun god Apollo saw her
④ He chased
⑤ But Daphne didn't want love.
to get married.
to run and play in the forest.
and fell in love at first sight.
She wanted freedom.
after her every day.

① 아름다운 요정 다프네는 숲에서 달리고 노는 것을 사랑했다. ② 그녀는 결코 결혼하고 싶지 않았다. ③ 어느 날, 태양신 아폴론이 그녀를 보고 첫눈에 사랑에 빠졌다. ④ 그는 매일 그녀를 쫓아다녔다. ⑤ 하지만 다프네는 사랑을 원하지 않았다. 그녀는 자유를 원했다.

⑥ She called her father,
⑦ At once, her feet rooted to the ground,
⑧ She became
⑨ Heartbroken,
⑩ From that day on, the laurel tree became
and her arms turned into branches.
a graceful laurel tree!
a symbol of victory and honor.
Apollo honored her forever.
Peneus the river god, for help.

⑥ 그녀는 강의 신인 아버지 페네우스에게 도움을 구했다. ⑦ 즉시 그녀의 발은 땅에 뿌리 내렸고, 그녀의 팔은 나뭇가지로 변했다. ⑧ 그녀는 우아한 월계수가 되었다. ⑨ 상심한 아폴론은 영원히 그녀를 존경했다. ⑩ 그날부터 월계수는 승리와 명예의 상징이 되었다.

Orpheus and Eurydice

2 문장 연결하기 문장을 연결하여 이야기를 다시 읽어요!

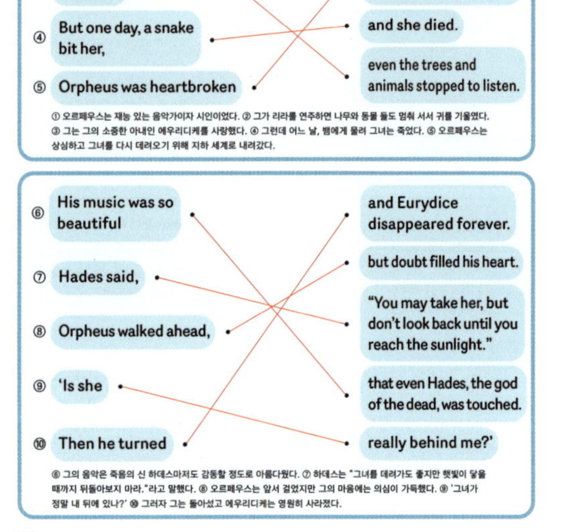

① 오르페우스는 재능 있는 음악가이자 시인이었다. ② 그가 리라를 연주하면 나무와 동물들도 멈춰 서서 귀를 기울였다. ③ 그는 그의 소중한 아내인 에우리디케를 사랑했다. ④ 그런데 어느 날, 뱀에게 물려 그녀는 죽었다. ⑤ 오르페우스는 상심하고 그녀를 다시 데려오기 위해 지하 세계로 내려갔다.

⑥ His music was so beautiful
⑦ Hades said,
⑧ Orpheus walked ahead,
⑨ 'Is she
⑩ Then he turned
and Eurydice disappeared forever.
but doubt filled his heart.
"You may take her, but don't look back until you reach the sunlight."
that even Hades, the god of the dead, was touched.
really behind me?'

⑥ 그의 음악은 죽음의 신 하데스마저도 감동할 정도로 아름다웠다. ⑦ 하데스는 "그녀를 데려가도 좋지만 햇빛이 닿을 때까지 뒤돌아보지 마라."라고 말했다. ⑧ 오르페우스는 앞서 걸었지만 그의 마음에는 의심이 가득했다. ⑨ '그녀가 정말 내 뒤에 있나?' ⑩ 그러자 그는 돌아섰고 에우리디케는 영원히 사라졌다.

134

‘공부 습관’이야말로 가장 큰 재능입니다.
재능많은영어연구소는 최고의 학습 효과를 내는
최적의 학습 플랜을 고민합니다.

재능많은영어연구소 소장 **윤미영**

경희대학교 영문학과와 같은 대학에서 석사학위를 받았습니다. 20여 년 동안 지학사, 디딤돌, 키 영어학습방법연구소, 롱테일 교육연구소에서 초등생과 중고생을 위한 영어 교재를 기획하고 만드는 일을 해 왔습니다. 베스트셀러인《문법이 쓰기다》,《단어가 읽기다》,《구문이 독해다》, 혼공 시리즈《혼공 초등 영단어》,《혼공 초등 영문법》, 바빠 시리즈《바빠 초등 필수 영단어》, 영어독립 시리즈《초등영어 읽기독립》,《초등영어 쓰기독립》 등을 집필했습니다.

그림 **이화진**

동화책의 순수하고 재밌는 매력에 빠져 그림을 그리고 있습니다. 그린 책으로《재주꾼 달팽이》,《백화점에 간 나무늘보》,《What's for lunch》 등이 있습니다.

필사로 시작하는 영어 독서 ❸ 그리스 신화 따라 쓰기

1판 1쇄 발행일 2025년 9월 29일

지은이 재능많은영어연구소
그린이 이화진

발행인 김학원
발행처 휴먼어린이
출판등록 제313-2006-000161호(2006년 7월 31일)
주소 (03991) 서울시 마포구 동교로23길 76(연남동)
전화 02-335-4422 **팩스** 02-334-3427
저자·독자 서비스 humanist@humanistbooks.com
홈페이지 www.humanistbooks.com
유튜브 youtube.com/user/humanistma
인스타그램 @human_kids

편집주간 황서현 **편집** 이주은 김혜정 **원어민 검토** Sherwood Choe
디자인 유주현 **음원 제작** 109Sound **조판** 홍영사
용지 화인페이퍼 **인쇄** 삼조인쇄 **제본** 정민문화사

ⓒ 재능많은영어연구소·윤미영, 2025

ISBN 978-89-6591-642-0 64740
ISBN 978-89-6591-632-1 64740(세트)